Dresden

Werner Preuß   Siiri Klose

Innenhof an der neuen Altmarkt Galerie

Inhalt

Willkommen!

Dresden im Internet	5
Willkommen	6
Geschichte	12
Gut zu wissen	14
Reise-Infos ⟶ **_Notfall_**	18

Zu Gast in Dresden

Übernachten

Günstige Hotels	26
Mittelklassehotels	28
Gehobener Komfort	29
Luxushotels	31
Jugendherbergen	32
Mitwohnzentralen	33
Camping	33

Essen & Trinken

Gut und günstig	35
Brauhäuser, Ausflugsgaststätten, Traditionslokale	37
Biergärten	40
Fisch	41
Spitzenreiter	41
Klassiker	42
Weltweit	42
Vegetarisch	45
Cafés & Bistros	45

Einkaufen

Antiquitäten	48
Bücher, CDs & Schallplatten	49
Feinkost & Wein	50
Flohmärkte & Märkte	51
Freizeit & Fitness	51

Wilsdruffer Straße, rechts der Kulturpalast, im Hintergrund das Schloss

Galerien	51
Kaufhäuser	53
Kunsthandwerk, Design & Porzellan	53
Lederwaren & Schuhe	55
Mode	55
Schmuck & Uhren	57
Secondhand	57

Ausgehen

Wo ist was los?	58
Bars	59
Diskotheken & Clubs	60
Schwul & Lesbisch	62
Kneipen	62

Kultur & Unterhaltung

Feste & Festivals	68
Kabarett & Kleinkunst	69
Kino	70
Oper, Operette & Schauspiel	72

12 Highlights

Kunsthofpassage	55
Münzgasse	65
Albertinum	83
Blaues Wunder	83
Brühlsche Terrasse	84
Frauenkirche	85
Hofkirche (Kathedrale)	87
Residenzschloss (Grünes Gewölbe)	90
Schloss Pillnitz	91
Semperoper	93
Zwinger (Gemäldegalerie Alte Meister)	95
Großer Garten	101

Inhalt

Weitere Veranstaltungsorte	74

Unterwegs mit Kindern — 75

Dresden aktiv — 76

Sehenswert
Stadtteile	80
Gebäude, Straßen & Plätze	82
Museen	95
Parks & Friedhöfe	101

Ausflüge
Rund um Dresden	102
Elbsandsteingebirge	104

Reisetipps für Dresden

Zeitgenössische Architektur	10		Ein Halt für alle Fälle	58
Dresden in Zahlen	11		Kneipensurfer Neustadt	64
Willkommen an Bord	15		Dresden swingt	69
Sächsische Weinstraße	34		Führung in der Semperoper	73
Brauereiführungen	35		Elberadweg	76
Weiße Gasse	39		Elbamare – Erlebnisbad	77
Neustädter Markthalle	43		Dresden-Marathon	79
Galerie Frauenkirche	48		Die Pillnitzer Kamelie	91
Mitbringsel	49		Dresden-City-Card	96
Altmarkt Galerie	50		Die ›Brücke‹	97
Kunsthandwerk	54		Altkötzschenbroda	103
Ländliches Refugium	57		Felsenbühne Rathen	105

Extra-Touren

Tour 1: Fast in alter Pracht: Elbflorenz	108
Tour 2: Neubarock, Plattenbau und Postmoderne – Vom Altmarkt zum Wiener Platz	110
Tour 3: Vom Aussteiger- zum Szeneviertel – Die Äußere Neustadt	112
Tour 4: Dresden nobel – Loschwitz und Weißer Hirsch	114
Tour 5: Gelebte Utopie – Hellerau, die erste deutsche Gartenstadt	116
Register	118
Fotonachweis	120
Impressum	120

Dresden im Internet

www.dresden-stadtplan.de
Interaktiver tagesaktueller Stadtplan.

www.dresden-tourist.de
Wichtige Infos zu Sightseeing, Übernachten, Gastronomie, Shopping, Tagungen und Kongressen, CityCard, spezielle Angebote für die Dresden-Reise.

www.dresden.de
Die Landeshauptstadt Dresden informiert umfassend über Verwaltung, Wirtschaft, Wissenschaft, Kultur, Sport und Tourismus.

www.dresden-neustadt.de
Ausführliche Infos zum Dresdner Ausgeh- und Szeneviertel.

www.cityguide-dresden.de
Aktuelles zu Kultur und Freizeit, Essen und Trinken.

www.cybersax.de
Sehr umfangreiche Daten für Theater, Film, Party, Konzerte und Ausstellungen des Dresdner Stadtmagazins SAX.

www.dresden-nightlife.de
Veranstaltungskalender und Infos zu Gastronomie, Übernachtungen und Nachtleben.

www.kneipensurfer.de
Interaktive Karte mit Infos zu Ausgeh-, Restaurant-, und Übernachtungsadressen in der Dresdner Neustadt. Fertig zum ausdrucken.

www.dnn.de
Lokale Infos und Termine der Dresdner Neuesten Nachrichten.

www.sz-online.de
Site der Sächsischen Zeitung.

www.tu-dresden.de
Umfassende Informationen und Adressen der Technischen Universität; interaktives Campus-Infosystem.

www.studentenwerk-dresden.de
Bietet Service rund um das Studium: Studentenclubs, Kursangebote, Dresdner Studententage

www.frauenkirche-dresden.org
Umfassende Infos der Stiftung Frauenkirche: Gottesdienste, Konzerte, Führungen, Frauenkirche-Shop, Spenden, Mitgliedschaft.

www.mdr.de/sachsen/frauenkirche
Chronik des Wiederaufbaus, Veranstaltungen, aktuelle Fotos.

www.igeltour-dresden.de
Über hundert öffentliche thematische Führungen in Dresden und der Umgebung der Stadt.

www.nachtskaten-dresden.de
Aktuelle s zum Dresdner Nachtskaten: Zeiten, Routen, Treffpunkte.

www.saechsische-dampfschiffahrt.de
Sehr anschaulich gestaltete Infos zur größten und ältesten Raddampferflotte der Welt: das Fahrgebiet in einer der schönsten Flusslandschaften Europas, Fahrplan und Preise, Veranstaltungen, technische Angaben.

www.dvbag.de
Die Dresdner Verkehrsbetriebe informieren über den Fahrplan (Straßenbahnen, Busse, Elbfähren, Bergbahnen), Tarife, Liniennetz, Stadtrundfahrten.

www.messe-dresden.de
Alle Messetermine, auch Konzerte, Shows und Kongresse, Anfahrt, Verkehrsmittel (DVB, DB, Flughafen), Parkplätze.

www.dresden-lexikon.de
Umfassende Infos zu Geschichte, Stadtteilen und Sehenswürdigkeiten, Aktuelles und sehr viele Fotos von Siegmar Baumgärtel.

www.dumontreise.de
Auf der Webseite des DuMont Reiseverlags informiert der Kulturkalender über aktuelle Events und Ausstellungen.

Willko

»Die Dresdner fragen einen gar nicht, ob einem die Stadt gefällt. ... Die Dresdner gehen davon aus, dass man die Geschichte kennt, und zeigen dem Besucher stolz die wiederaufgebauten Paläste, die Türme, die Kirchen, die unglaubliche Gemäldegalerie, sie sagen ihm, wie weit zur 800-Jahr-Feier der Stadt (2006), alles wieder hergestellt sein wird ...« So der Eindruck von Umberto Eco nach einem Besuch der

mmen

Elbestadt. Und in der Tat: Dresden, ehedem als ›Elbflorenz‹ glanzvolle Barockresidenz Augusts des Starken, ist nun, nach der politischen Wende, wieder in die erste Reihe der beliebtesten deutschen Reiseziele aufgerückt, und auch im internationalen Maßstab wird die Kunst- und Kulturstadt ihrem Ruf gerecht und findet wieder gebührendes Interesse.

Willkommen

Barockes Dresden-Panorama: Brühlsche Terrasse, Hofkirche, Semperoper

Dresden – »Florenz an der Elbe«

Weltberühmte Barockresidenz – Zerstörung und Wiederaufbau

Die Elbmetropole Dresden, einst Residenz der albertinischen Wettiner, war lange Zeit eine der schönsten europäischen Städte und ein Kunstzentrum von besonderem Rang. Johann Gottfried Herders Wort: »Blühe, deutsches Florenz, mit deinen Schätzen der Kunstwelt« spielt auf das Florenz der Medici an. Der Zweite Weltkrieg setzte dem ein jähes Ende: In der Bombennacht vom 13./14. Februar 1945 wurde die Innenstadt durch anglo-amerikanische Luftangriffe vollständig zerstört. Offizielle Zahlen sprechen von 25 000 Toten, die tatsächliche Zahl der Opfer ist vermutlich größer. Elbflorenz mit seiner barocken Pracht, von Generationen bewahrt und gestaltet, war in einer einzigen Nacht vernichtet. »Wer das Weinen verlernt hat, lernt es wieder beim Untergang Dresdens«, so der 83jährige Dichter Gerhart Hauptmann im Anblick der brennenden Stadt.

Wie in vielen deutschen und europäischen Städten, die im Zweiten Weltkrieg zerstört wurden, schien ein Wiederaufbau fast unmöglich. Doch das weltberühmte ›Elbflorenz‹ erstand aus der Asche wieder auf. Trotz widriger politischer und wirtschaftlicher Umstände wurden in jahrzehntelanger, fachkundiger Arbeit die bedeutendsten Zeugnisse der Renaissance, des Barock und Klassizismus wieder aufgebaut, so dass sich heute das Stadtpanorama an der Elbe nahezu in alter Pracht präsentiert – seit Juli 2005 mit dem Dresdner Elbtal UNESCO-Weltkulturerbe. Und ein Gang in der Abenddämmerung über die Brühlsche Terrasse, den ›Balkon Europas‹, verzaubert wie einst jeden Besucher. Dresden als einzigartiges städtisches Gesamtkunstwerk ist jedoch verloren.

August der Starke

Kurfürst Friedrich August I., der Starke, hatte als Kurprinz auf Kavalierstour Frankreich, Spanien und Italien bereist; er kannte den Hof des Sonnenkönigs Ludwig XIV. und verstand sich ebenfalls als absoluter Herrscher. Vor allem aber liebte und schätzte er Geist und Kunst Italiens und besonders Venedigs: August der Starke setzte alles daran, die Elbe zu seinem Canal Grande zu machen. Der Flusslauf sollte – mit der Augustusbrücke als ›sächsischem Rialto‹ – von prächtigen Bauten gerahmt werden: Japanisches Palais und Schloss Pillnitz (die Fahrt dorthin fand tatsächlich in Prunkgondeln mit echten Gon-

Schlösser und Weinberge: am Loschwitzer Elbhang

dolieri statt) zeugen noch heute von der königlichen Vision. Sein Sohn und Nachfolger Friedrich August II. baute die Kunstsammlungen weiter aus. Beide verkörpern das Augusteische Zeitalter, die Hochblüte des Barock in Dresden. Dresden wurde unter ihrer Ägide zur glanzvollen Residenzstadt mit Schlössern, Palais, Kirchen, Museen und Sammlungen. Deutsche, französische, vor allem aber italienische Architekten, Bildhauer, Stuckateure und Maler waren für den Hof tätig.

Bernardo Bellotto, genannt Canaletto

Der gebürtige Venezianer Bernardo Bellotto (nach seinem Lehrer nannte er sich ebenfalls Canaletto) wirkte als hoch bezahlter Maler am sächsischen Hof, ein Star seiner Zeit. Bellotto hielt die Atmosphäre des barocken Dresden fest, in einem eigentümlichen, silbrigkühlen Licht, bei äußerst präziser Wiedergabe des Motivs und perspektivischer Klarheit. Seine Ansichten der Elbestadt, von Wien, München und Warschau bilden den Höhepunkt der Vedutenmalerei des 18. Jh. Die Veduten von Dresden und Pirna sind heute in der Gemäldegalerie Alte Meister zu bewundern. Überdies musste der Künstler die für den König gemalten Bilder in einer zweiten Fassung für den mächtigen Minister Graf Brühl liefern (heute in St. Petersburg).

Umbruch: Vom 19. ins 20. Jh.

Es kamen andere Zeiten, die das Gesicht der Stadt verändern sollten, die dem fürstlichen Elbflorenz den Stempel einer Industrie- und Garnisonsstadt, eines Handels- und Verkehrszentrums einprägten. 1837 wird der Dampfschiffverkehr auf der Elbe aufgenommen, 1839 fährt die erste deutsche Ferneisenbahn von Dresden nach Leipzig. Vororte werden eingemeindet, Arbeitervorstädte entstehen und die Einwohnerzahl steigt rasant: von rund 100 000 Mitte des 19. Jh. auf 550 000 im Jahre 1910.

Öffentliche Repräsentativ- und Verwaltungsbauten und Bauten des Verkehrs und der Wirtschaft von der Mitte des 19. Jh. bis zum ersten Drittel des 20. Jh. belegen den Aufschwung noch heute eindrucksvoll: das Neue Rathaus und die beiden Ministeriumsgebäude am Neustädter Ufer, der Hauptbahnhof und der Bahnhof Dresden-Neustadt, die Bienert-Hafenmühle, der ehemalige städtische Schlachthof im Ostragehege (heute Messe Dresden) und der Speicherbau (heute Maritim Hotel) vom Architekten Hans Erlwein oder die als Moschee gestaltete Zigarettenfabrik Yenidze.

Willkommen

Zeitgenössische Architektur

Zeitgenössische Architektur im barocken Elbflorenz? Es gibt sie tatsächlich! Peter Kulkas Plenarsaal für den neuen Sächsischen Landtag (s. S. 91), Günter Behnischs St. Benno-Gymnasium (s. S. 91) und die neue Synagoge (s. S. 94) sind qualitätvolle Bauten der Moderne. Weitere neue belebende Elemente sind der Ufa-Kristallpalast von COOP Himmelb(l)au (s. S. 71), die abends futuristisch anmutende Gläserne Manufaktur von VW (s. S. 94), das World Trade Center (s. S. 95), das artforum, die Sächsische Landes-, Staats- und Universitätsbibliothek (SLUB) am Zellerschen Weg, der Waldschlösschen-Komplex (s. S. 37) und die neue Messe im Ostragehege. Am Altstadtufer ist ein attraktives Kongresszentrum entstanden (s. S. 88).

Die DDR-Zeit

Im real existierenden Sozialismus der 1950er und 1960er Jahre verwandelte sich die Elbmetropole in eine Stadt der Platten- und Großblockbauten – die Not der Nachkriegszeit erzwang die schnelle und kostengünstige Bereitstellung von Wohnraum. Gleichförmige Blockarchitektur prägt das Stadtbild, drängt bis an den Altstadtkern heran. Doch hat die Modernisierung längst begonnen, z. B. in der Johannstadt. In den 1970er und 1980er Jahren wurden neue Großwohngebiete wie Gorbitz im Westen und Prohlis im Südosten erbaut.

Wende und Aufbruch

Seit Oktober 1990 ist Dresden wieder Landeshauptstadt des Freistaats Sachsen wie bereits 1919–52 – mit nunmehr rund 480 000 Einwohnern. Bei Dresdnern wie bei Besuchern beliebt sind das Ensemble der Prager Straße, das heute von postmodernen Bauten des Kommerz eng gefasst wird, und die neu gestaltete noble Königstraße im Barockviertel Innere Neustadt, auf der man flanieren und shoppen kann, am besten mit gutgefülltem Geldbeutel. Als Szeneviertel schon seit langem beliebt ist das größte zusammenhängende Gründerzeitviertel Deutschlands in der Äußeren Neustadt. Dank der engagierten Arbeit von Bürgerinitiativen und eines langfristigen Planungs- und Sanierungskonzepts gewinnt es heute wieder zunehmend Leben und Anziehungskraft.

Einladend, anregend, weltoffen

Nach Jahrzehnten des Grau-in-Grau, gar staatlich verordneter Gleichmacherei in vielen Lebensbereichen ist Dresden heute wieder eine Stadt voller Aufbruchsstimmung, Elan und Phantasie. Weltoffen und selbstbewusst, mit dem ihr ureigenen Charme empfängt die Elbmetropole ihre Besucher. Dresdner gelten als traditionsbewusst, sie sehen sich in der Kontinuität des über Generationen entwickelten Kulturlebens und lassen Gäste gern daran teilhaben. Die Weltoffenheit drückt sich eben auch in Kontaktfreudigkeit und Hilfsbereitschaft, Neugierde und Erfindungsreichtum aus. Die Sachsen gelten ja als ›fischeland‹: Sie sind auf Draht, gespannt, helle. Angeblich können sie auch ›diggschen‹: beleidigt tun und nachtragend sein. Ob's nun stimmt oder nicht, muss jeder selbst herausfinden.

Willkommen

Unüberhörbar ist der weiche Klang der Sprache, der zur sprichwörtlichen Gemütlichkeit des »Kaffesachsen« passt. Stets präsent ist das ganz kurze »Nu«, auch »Nu, nu«, das in vielen Ausdrucksstufen und unterschiedlich nachdrücklich moduliert wird: Es leitet einen Satz ein, ist inmitten der Rede mehrfach zu vernehmen und zeigt schließlich deren Ende an. Es ist ein sympathisches »Nu«, das Übereinstimmung mit dem Gegenüber ausdrückt, ganz allgemein eine Bestätigung oder Zustimmung.

Auch andere Wendungen wird man hören: »escha« steht für Verneinung, »ehmd« bedeutet folglich, »ausmären« sich beeilen, »heu« ist Ausdruck des Erstaunens, »Gelumbbe« ist das Gepäck, »Bemme« oder »Bemmchen« ein belegtes Brot, »Runks« ein grober, unhöflicher Mitmensch und »ä Schälchn Heeßn« ist ganz einfach die beliebte Tasse Kaffee. Das »au« wird zum »oo«: »Oochn« (Augen), »koofn« (kaufen) oder »loofn« (laufen).

Auf ein Wiedersehen!

Ob man nun über die Augustusbrücke, die Brühlsche Terrasse oder den Theaterplatz schlendert, ein Konzert in der Semperoper oder eine Freilichtveranstaltung im Zwinger erlebt, in einem der vielen Cafés, Bistros oder Biergärten sitzt, die einmaligen Schätze des Grünen Gewölbes bestaunt, einen ausgedehnten Spaziergang im Großen Garten unternimmt oder nach einer Fahrt mit dem Elbdampfer an den Elbschlössern, Loschwitz und Wachwitz vorbei Schloss und Park Pillnitz besucht – überall kann man das Selbstverständnis, die Atmosphäre und Lebenslust der ehemaligen Barockresidenz spüren.

Kurt Masur, Ex-Chef der New Yorker Philharmonie, ehedem Dirigent der Dresdner Philharmonie und 26 Jahre Gewandhauskapellmeister in Leipzig, bei einem Auftritt in der Elbestadt: »Nach Dresden zu kommen, ist immer ein bisschen, wie in eine Art Paradies zu kommen.«

Dresden in Zahlen

Lage: Dresden, seit Oktober 1990 wieder Landeshauptstadt des Freistaats Sachsen, liegt in landschaftlich reizvoller, klimatisch begünstigter Lage im oberem Elbtal. Etwa auf gleicher nördlicher Breite liegen Portsmouth/Südengland, Köln und Kiew.
Größe: 328 qkm. Die Dresdner Heide umfasst knapp ein Drittel des Stadtgebiets. Die Elbe fließt rund 30 km innerhalb der Stadtgrenzen.
Bevölkerung: 480 000 Einwohner; um 1989/90 ca. 520 000 (Höchststand 1939: 630 000).
Partnerstädte: 12 insgesamt; u. a. St. Petersburg, Wrocław/Breslau, Florenz, Hamburg und Rotterdam, die älteste Partnerschaft gibt es mit Coventry (1959), die jüngste mit Columbus/USA (1992).
Wirtschaft: Dresden ist Verkehrsknotenpunkt, Handels- und Dienstleistungsstandort und Zentrum von Mikroelektronik (Infineon, ZMD, AMD) und Biotechnologie. Als Kunst- und Kulturstadt genießt Dresden einen besonderen Ruf; so spielt der Tourismus mit rund 7 Millionen Besuchern pro Jahr eine wichtige Rolle.

Geschichte

Fürstenzug am Langen Gang des Stallhofs: rechts August der Starke

1206	Erste urkundliche Erwähnung Dresdens.
1216	Markgraf Dietrich legt die Stadt nach regelmäßigem Plan an; Stadtrechte.
1464	Residenz der Wettiner und 1485–1918 Haupt- und Residenzstadt der albertinischen Linie der Wettiner.
um 1530	Entwicklung der Renaissancestadt Dresden.
1539	Die Reformation setzt sich in Dresden durch.
1685	Großer Stadtbrand; das rechtselbische Altendresden wird als einheitliche Barockstadt erbaut.
1. Hälfte des 18. Jh.	Kurfürst Friedrich August I. und sein Sohn und Nachfolger Friedrich August II. bauen Dresden zur glanzvollen barocken Residenz aus (Augusteisches Zeitalter): u. a. Gemäldegalerie Alte Meister, Grünes Gewölbe, Zwinger, Frauenkirche.
1710	Gründung der Dresdner Porzellanmanufaktur.
1760	Im Siebenjährigen Krieg beschießen preußische Truppen die Altstadt und verwüsten die Vorstädte.
1764	Gründung der Kunstakademie; um Carl Gustav Carus entsteht ein Kreis von Künstler und Literaten im Geist der Romantik.
1806	Sachsen wird Königreich.
2. Hälfte des 19. Jh.	Eingemeindung der Vororte, Industrialisierung, Arbeitervorstädte entstehen, rasanter Anstieg der Einwohnerzahl.
1890	Gründung der Technischen Hochschule (seit 1961 TU).

Geschichte

1905	Gründung der Künstlergemeinschaft ›Brücke‹.
1919–1952	Dresden ist Hauptstadt Sachsens.
13./14. Februar 1945	Zerstörung des Stadtzentrums durch alliierte Bomberverbände, Zehntausende Todesopfer.
ab 1953	Dresden wird nach der Gründung der DDR 1949 zur ›sozialistischen Großstadt‹ umgestaltet.
50er–80er Jahre	Wiederaufbau bedeutender Bauten: Zwinger, Hofkirche, Opernhaus, Japanisches Palais, Landhaus. Zugleich Verfall wertvoller Bausubstanz des Barock.
1952–1989	Dresden ist Bezirkshauptstadt der DDR.
1976–1980	Die Großsiedlung Prohlis wird errichtet, ab 1981 entsteht die Satellitenstadt Gorbitz.
1982	Die Ruine der Frauenkirche wird zu einem Symbol der Friedens- und Bürgerrechtsbewegung der DDR.
1985	Die Semperoper wird mit Webers romantischer Oper »Der Freischütz« wiedereröffnet.
1989	Protestaktionen, friedliche Bürgerbewegung.
1990	Am 3. Oktober Gründung des Freistaats Sachsen auf der Albrechtsburg in Meißen. Dresden wird erneut Landeshauptstadt; Konstitution des neuen Sächsischen Landtags.
… bis heute	Errichtung neuer Bauten, u. a. Neuer Landtag, Taschenbergpalais, Ufa-Palast, World Trade Center, Waldschlösschen, VW-Manufaktur, Synagoge, Altmarkt Galerie, Kongresszentrum.
2002	Im August große Schäden in Dresden und im Umland durch das ›Jahrhunderthochwasser‹.
2004	Im Juni wird die Frauenkirche nach zwölfjähriger Bauzeit im Äußeren fertig gestellt.
2005	Im Juli wird Dresden und das Dresdner Elbtal UNESCO-Weltkulturerbe. Weihe der Frauenkirche am 30. Oktober.
2006	800-jähriges Stadtjubiläum.

Natur pur: die Elbe bei Pillnitz

Gut zu wissen

Aussichtspunkte

Der Blick auf Dresden ist von verschiedenen Punkten in der Stadt reizvoll. Bequem zu erreichen sind **Brühlsche Terrasse** (›Balkon Europas‹) und **Augustusbrücke**. Der **Schlossturm** erlaubt – ›Auge in Auge‹ mit Mattiellis Skulpturen der Hofkirche – den intimen Blick auf die Altstadt.

Vom **Rathausturm** (Lift) und von der Kuppel der **Frauenkirche** (Lift) hat man einen 360-Grad-Rundblick auf Dresdens Lage im Elbtal. Von der **Kreuzkirche** hat man gute Sicht auf den Altmarkt – und ebenfalls das vollständige Stadtpanorama. Wer die 243 Stufen des Turms der **Dreikönigskirche** erklommen hat, hat eine besondere Sicht auf die Neustadt.

Der berühmte **Canaletto-Blick** auf das Altstadtpanorama bietet sich vom Neustädter Ufer unterhalb vom Hotel Bellevue (Pavillon) aus – Bernardo Bellotto, gen. Canaletto hielt diese Sicht in seinem Gemälde »Dresden vom rechten Elbufer unterhalb der Augustusbrücke« fest (Gemäldegalerie Alte Meister).

Vom **Luisenhof**, dem ›Balkon Dresdens‹, genießt man sicher den schönsten Blick, der vor allem die harmonische Einbindung der Stadt in die Elblandschaft vermittelt. Reizvoll ist die Aussicht ebenfalls von der Loschwitzhöhe, von Schloss Eckberg und von Schloss Albrechtsberg.

Vom **Turm** der ehemaligen **Ernemannwerke** (Technische Sammlungen der Stadt Dresden) in Striesen erlebt man ein mediterran anmutendes ländliches Dresden mit den Loschwitzer und Wachwitzer Elbhängen. Bei klarem Wetter scheint das Elbsandsteingebirge ganz nah.

Biergärten

Zahlreiche Biergärten und Ausflugslokale im gesamten Stadtgebiet laden ein; besonders angenehm sitzt man natürlich in Elbnähe oder direkt an der Elbe – von Mickten über Alt- und Neustadt, Loschwitz bis Pillnitz und Kleinzschachwitz finden sich viele einladende Plätze, genauso wie in der näheren Umgebung.

Elbe und Elbauen

Der Fluss kann nicht nur über die vier Brücken im Stadtzentrum, die Hängebrücke Blaues Wunder zwischen Blasewitz und Loschwitz und auf der A 4 überquert werden (dann erst wieder elbaufwärts in Pirna und elbabwärts in Meißen), sondern auch mit vier Personenfähren: Gohlis–Radebeul/Serkowitz, Johannstadt–Neustadt, Laubegast–Niederpoyritz und Kleinzschachwitz–Pillnitz (Personen- und Autofähre).

Gut zu wissen

Die Elbe fließt rund 30 km leicht mäandrierend innerhalb des Stadtgebiets, reizvoll von grünen Elbauen gesäumt, die als Überflutungsflächen dienen. Diese sind bereits seit Mitte des 19. Jh. besonders geschützt und stehen heute unter Naturschutz.

Da es nur in der Altstadt und in der Neustadt geschlossene Straßenfronten gibt und in den Vororten eine aufgelockerte Einzelbebauung das Stadtbild prägt, bewahrt Dresden auch als Großstadt den besonderen Charakter einer »offenen Landschaftsstadt«.

Frühzeitig buchen

Dresden ist auf Grund seines attraktiven Kunst- und Kulturangebots ein beliebtes Reiseziel. Es empfiehlt sich, die Unterkunft rechtzeitig zu reservieren! Eintrittskarten sind wochentags in der Regel kurzfristig zu bekommen, ausgenommen Festspiele und Festivals. Für die Semperoper und das Kabarett ›Die Herkuleskeule‹ sollte man jedoch früh Karten bestellen.

Kurzbesuch

Auch an einem Wochenende kann man viele wichtige Sehenswürdigkeiten, auch ein oder zwei Museen, in der Altstadt und in der Inneren Neustadt erkunden und eine Dampferfahrt nach Loschwitz, eventuell bis Pillnitz unternehmen.

Bei einem Aufenthalt ab drei Tagen bieten sich Ausflüge zur Burg- und Porzellanstadt Meißen, zum Schloss Moritzburg und in die Sächsische Schweiz, z. B. zur Bastei oder zur Festung Königstein, an.

Steht mehr Zeit zur Verfügung, können zusätzlich Radebeul mit dem Weinbaugebiet der Lößnitz, Barockgarten Großsedlitz, Schloss Weesenstein, Pirna und Stolpen besucht werden.

Für Wandern, Klettern und Radfahren im Elbsandsteingebirge sollten entsprechend zusätzliche Tage eingeplant werden.

Öffnungszeiten

Kaufhäuser und Geschäfte in der Innenstadt sind Mo–Fr bis 19/20 Uhr, Sa bis 16 Uhr geöffnet sowie an den vier Adventssonntagen; in touristisch besuchten Gebieten können die Geschäfte Sa 6–20 Uhr öffnen. *Spätereinkauf:* Lidl, Bhf. Dresden-Neustadt, Mo–Fr 8–21, Sa 8–20, So 9–19 Uhr.

Plattenbau

Erwarten Sie als Besucher keine Barockresidenz pur! Das gilt eigentlich

Willkommen an Bord

Eine Fahrt vom Terrassenufer mit einem der neun historischen Schaufelraddampfer (der älteste, die ›Stadt Wehlen‹, ist Baujahr 1879!) elbaufwärts vorbei an den Elbschlössern nach Loschwitz und weiter nach Pillnitz ist ein wunderbares Freizeitvergnügen. Man erlebt Dresden als harmonisch in die Landschaft gebettete Stadt und das Elbtal bis in die Sächsische Schweiz. Die befahrene Strecke – entlang der Sächsischen Weinstraße – geht elbabwärts über Radebeul und Meißen bis Diesbar-Seußlitz, elbaufwärts bis Schmilka.
Unterhaltsam sind Jazz- und Dixielandfahrten, auch mit modernen Salonschiffen. Höhepunkte sind die große Dampferparade am 1. Mai und das Dampfschifffest mit Feuerwerk im August.

Gut zu wissen

Flanieren und draußen sitzen: die Königstraße in der Inneren Neustadt

nur für die innere Altstadt bzw. für die Bauwerke des berühmten Elbpanoramas. Dresden ist insgesamt geprägt von Straßenzügen und Industrie- und Verwaltungsbauten der Gründerzeit, Villen in historisierenden Stilen, einer ländlichen Bauweise in den Vororten, sachlichen Siedlungsbauten der 1920er und 1930er Jahre und meist gleichförmigen, realsozialistischen Plattenbauarealen – praktisch in der gesamten historischen Altstadt, die im Bombardement vom Februar 1945 ausgelöscht wurde. Oft stoßen so restaurierte Gründerzeitpracht und Plattenbau unvermittelt hart aufeinander.

Städtebauliche Neugründungen in Plattenbauweise sind die großen Satellitenstädte Prohlis im Südosten und Gorbitz im Westen aus den 1970er und 1980er Jahren.

Preisniveau

Die Preise für Großveranstaltungen und für Markenartikel (Kleidung, Schmuck, Parfüm) aller Sparten entsprechen denen in den westlichen Bundesländern. Günstiger sind die Preise für Oper, Theater und Kabarett, Diskotheken und Bars und – bei einem guten Preis-Leistungs-Verhältnis – oft auch für Restaurants, Kneipen, Bistros und Cafés.

Gut zu wissen

Reisezeit

Dresden kann man das ganze Jahr über besuchen. Am schönsten ist es natürlich im Frühjahr und im Herbst: Mai bis Mitte/Ende Juni und September bis Mitte Oktober. Im Mai beleben zudem Dampferparaden, das Dixielandfestival und die Dresdner Musikfestspiele das Stadtbild. Man sitzt bei angenehmen Temperaturen draußen auf Terrassen und in Biergärten, kann Ausflüge mit dem Schiff unternehmen, wandern, radeln und im Herbst Veranstaltungen rund um die Weinlese erleben.

Im Juli und August kann der Dresdner Elbtalkessel sehr drückend sein (Durchschnittstemperatur 24° C), und über dem Stadtgebiet liegt oft ein Dunstschleier. Einige Theater und die Oper haben dann Sommerpause. Aber auch im Hochsommer sitzt man an schönen Abenden wunderbar an der Elbe oder im Großen Garten, kann die eindrucksvollen Filmnächte am Elbufer und das Dresdner Stadtfest erleben. Und im August bieten viele Hotels deutliche Preisnachlässe und sehr günstige Wochenendangebote (auf Nachfrage).

Im Winter ist kulturelle Hochsaison, und im Dezember lädt der traditionelle Dresdner Weihnachtsmarkt (Striezelmarkt) ein.

Sicherheit

Die üblichen Sicherheitsvorkehrungen wie in anderen deutschen Großstädten sollte man beachten, z. B. ist besondere Umsicht bei Menschenansammlungen, auf Bahnhöfen, in Kaufhäusern und bei größeren Veranstaltungen geboten (Taschendiebstahl!). Insgesamt jedoch ist Dresden recht sicher. Auch nachts kann man Bahnen und Busse ohne weiteres benutzen. Für den Besucher ist es indes ratsam, so er mit dem Wagen anreist, diesen auf einem gesicherten Parkplatz oder in der Hotelgarage abzustellen.

Szene

Dresdens Szeneviertel ist unbestritten die Äußere Neustadt mit zahllosen Kneipen, Bars, Pubs, Diskotheken und Clubs, mit Restaurants, Biergärten, Bistros und Cafés rund um die Alaunstraße, Louisenstraße und Görlitzer Straße. Es gibt keine polizeiliche Sperrstunde für Innenräume.

Verkehr

Insgesamt kann man im Stadtgebiet gut den eigenen Wagen benutzen, vor allem in die äußeren Stadtteile wie Loschwitz und Pillnitz oder auch nach Radebeul geht es so schneller. Ansonsten ist die Stadt auch gut per Straßenbahn zu erkunden.

Staus und zäh fließenden Verkehr gibt es meist von der Autobahnausfahrt Dresden-Altstadt in die Innenstadt, teils auch von den Ausfahrten Dresden-Neustadt und Dresden-Wilder Mann in die Neustadt, ebenso ist die B 172 über Heidenau nach Pirna stark befahren. Ein neuralgischer Punkt ist der Albertplatz in der Neustadt: Hier muss man in den Hauptverkehrszeiten praktisch immer mit Staus rechnen.

Zu Fuß

Damit Sie sich auch noch frohgemut ins Nachtvergnügen stürzen können, ist tagsüber unbedingt bequemes und rutschfestes Schuhwerk zu empfehlen: Das unverwüstliche Kopfsteinpflaster ist allgegenwärtig und besonders in feuchtem Zustand tückisch. Gehwege und Plattenbeläge sind teilweise verfallen; das gilt für das Zentrum wie für das gesamte Stadtgebiet. Achtung: Die Loschwitzer Hanglagen sind steil und recht anstrengend.

Reise-Infos

Auskunft

Tourist-Information
Tourist-Information (D 5)
Prager Straße,
Pavillon Nähe Hbf.
Altstadt
Mo–Fr 10–18, Sa 10–16 Uhr
In der Hauptsaison und zu besonderen Anlässen auch längere Öffnungszeiten.

Tourist-Information
Schinkelwache (D 4)
Theaterplatz, Altstadt
Mo–Fr 10–18,
Sa, So 10–16 Uhr

Dresden Werbung und Tourismus GmbH
Tel. 0351/49 19 21 00 (Auskunft)
Tel. 0351/49 19 22 22 (Zimmer)
Tel. 0351/49 19 22 33 (Tickets)
Fax 0351/49 19 21 16
info@dresden-tourist.de
Postfach 12 09 52
01010 Dresden

Dresden im Internet
www.dresden-tourist.de
Weitere Informationen über Dresden finden Sie auch bei DuMont:
www.dumontreise.de

Magazine mit aktuellen Infos
SAX. Das Dresdner Stadtmagazin:
Tel. 0351/829 39-0, Fax 829 39 49
www.cybersax.de
Beliebtes Stadtmagazin, erscheint monatlich, 1,30 € im Buch- und Zeitschriftenhandel, an Kiosken. Informiert umfassend und kompetent mit ausführlichen Artikeln.
Prinz Dresden: Tel. 0351/31 54 00, Fax 315 40 40
Monatlich erscheinendes Veranstaltungsmagazin für Dresden, 1,50 €. Wendet sich an ein ausgehfreudiges, erlebnisorientiertes Publikum.
DRESDNER: Tel. 0351/807 21-0, Fax 807 21-33
Kulturmagazin, erscheint monatlich, kostenlos. Umfangreicher Adressteil, viele Kleinanzeigen; interessante Interviews und Beiträge zu Kultur und Politik.
Frizz Dresden: Tel. 316 09 35, Fax 254 25 84
Erscheint monatlich, kostenlos. Termine- und Adressteil zu allen kulturellen Aktivitäten in der Stadt.
PLUSZ: Wöchentliches Veranstaltungsmagazin der Sächsischen Zeitung (Do), ausführliche Infos und Adressenteil (Veranstaltungsorte, Bühnen, Kinos etc.).
Sächsische Zeitung und **Dresdner Neueste Nachrichten:** Info-Seiten mit aktuellem Programm (täglich).
City-Guide der SZ:
www.cityguide-dresden.de
spot! Dresden erleben:
Tel. 0351/898 00 00, Fax 898 00 08
Erscheint halbjährlich. Über 100 kommentierte Adressen: Nachtleben, Einkaufen, Hotels, Restaurants und Kultur, mit Serviceteil und Stadtplan.

Behinderte

Dresden denkt an seine behinderten Gäste. So ist in der Tourist-Information (Adresse s. o.) der Ratgeber »Dresden – für Gäste mit Handicap« erhältlich, und das Amt für Presse- und Öffentlichkeitsarbeit (Tel. 488 26 81 und 488 23 90) hat einen Stadtführer für Behinderte herausgegeben. Einige Hotels verfügen über behindertengerechte Zugänge und entsprechend ausgestatte-

te Zimmer. Genauere Hinweise im Hotelkapitel dieses Buches.
Informationen: Unter **www.dresden.de/barrierefrei** stehen Adressen behindertengerechter Unterkünfte und öffentlicher Einrichtungen. Die Broschüre ›Dresden – Für Gäste mit Handicap‹ lässt sich dort herunterladen.

Behindertentaxi
Volkssolidarität
Tel. 413 21 69
Weitere Behindertenfahrten unter Tel. 0351/21 12 11 (nach Vorbestellung)

Anreise

Mit dem Flugzeug

Der Flughafen Dresden-Klotzsche, erweitert und modernisiert, befindet sich 9 km nördlich der Stadtmitte: Er ist per Direktflug von allen bedeutenden deutschen Flughäfen und einigen europäischen Städten (Basel, Zürich, Wien, Budapest, Paris, London) zu erreichen. Mit der neuen S-Bahn gelangt man in 10 Min. zum Bahnhof Dresden-Neustadt und in 15 Min. zum Hbf.

Flughafen-Information:
Tel. 881 33 60, www.dresden-airport.de

Mit der Bahn

Dresden ist von allen großen deutschen Städten über die EC-/IC- und IR-Strecken gut zu erreichen. Aus östlicher, nördlicher und nordwestlicher Richtung kommen die Fernzüge am Bahnhof Dresden-Neustadt an, aus Südosten, Süden und Südwesten am Hauptbahnhof. Beide Bahnhöfe sowie der Bahnhof Dresden-Mitte (Regional) liegen recht zentral und sind sehr gut an das öffentliche Verkehrsnetz angeschlossen (S-Bahn, Straßenbahn, Bus).

Bundesweite Zugauskunft:
Tel. 018 05/99 66 33 (24 Stunden)
www.bahn.de
Fundbüro: Tel. 0351/488 59 96/-7

Mit dem Schiff

Dresden kann man auch auf einer mehrtägigen Flussfahrt mit modernen Kreuzfahrtschiffen von Hamburg aus ansteuern. Erkundigen Sie sich bei einem Reisebüro oder bei einer der beiden Reedereien:

Viking Kreuzfahrten GmbH
Tel. 0800/258 46 66, 0221/258 62 09,
Hohe Str. 68–82, 50667 Köln, www.vikingrivercruises.com

Peter Deilmann Reederei
Tel. 045 61/396-0, Fax 82 07
Am Holm 25
23730 Neustadt/Holstein
www.deilmann-kreuzfahrten.de

Mit dem Auto

Von Norden (Berlin, Hamburg) erreicht man die sächsische Landeshauptstadt über die A 13 (E 36, E 55), von Nordwesten (Hannover, Magdeburg, Leipzig) über die A 14 (E 49) und A 4 (E 40), von Westen (Frankfurt, Erfurt) über die A 4, von Süden (München, Nürnberg) über die A 9, A 72 und A 4, von Südosten (Prag) über die B 170. Dresden hat fünf Autobahnausfahrten: Altstadt, Neustadt, Wilder Mann, Hellerau (früher Nord) und Flughafen. Es können Staus (Ausfahrten Altstadt und Neustadt) bei der Einfahrt in die Stadt auftreten.

Notfall

Feuerwehr/Rettungsdienst: Tel. 112
Polizei: Tel. 110

Reise-Infos

Krankentransport: Tel. 192 22
Ärztlicher Notdienst: Tel. 192 92

Unterwegs in Dresden

Praktisch alle bedeutenden Sehenswürdigkeiten sind in der Altstadt und in der Inneren Neustadt leicht zu Fuß zu erkunden.

Mit öffentlichen Verkehrsmitteln

Die meist in den Stadtfarben Gelb-Schwarz gehaltenen modernen Niederflurwagen sind vorherrschend, sie ermöglichen einen leichten Einstieg für Gehbehinderte oder Fahrgäste mit Kinderwagen. Auch Fahrräder lassen sich in ihnen bequem transportieren. Deutlich schwieriger gestaltet sich das bei den Tatra-Wagen tschechischer Herkunft, die steile, schmale Treppen haben. Die Straßenbahnlinie 4 kommt an fast allen innerstädtischen Sehenswürdigkeiten vorbei.

Das Streckennetz mit 12 Straßenbahnlinien, 27 Buslinien und der S-Bahn ist dicht und übersichtlich. Der Liniennetzplan der Dresdner Verkehrsbetriebe macht die Orientierung leicht (er zeigt auch die Bergbahnen und Elbfähren).

Wichtigste Knotenpunkte sind in der Altstadt Postplatz und Pirnaischer Platz, Straßburger Platz und Wiener Platz/Hbf sowie in der Neustadt der Albertplatz. Sehr kundenfreundlich ist das **Nachttreffen am Postplatz:** Jeweils um 1.15, 2.25 und 3.35 Uhr gibt es hier günstige Umsteigemöglichkeiten – die Bahnen warten zu diesen Zeiten, bis alle Fahrgäste umgestiegen sind.

Busse erschließen besonders die äußeren Stadtviertel.

Dresden Card: Mit der Dresden-City-Card (19 €) kann man 48 Stunden mit Straßenbahnen, Bussen und Elbfähren, Nahverkehrszügen der DB und der Flughafen-S-Bahn fahren sowie elf Museen besuchen (Infoblatt). Zusätzlich erhält man bei weiteren Museen sowie auf Stadtrundfahrten und bei Schiffsfahrten Ermäßigungen.

Günstig ist die **7-Tage-Karte** (16,50 €), die für Straßenbahnen, Busse, Elbfähren und Bergbahnen gilt (Geltungsdauer ab erster Entwertung). Außerdem: **24-Stunden-Karte** (4,50 €), Einzelfahrscheine für eine Stunde (1,70 €), 4-er-Karte Kurzstrecke 4,50 € (max. 4 Stationen), Familientageskarte 5,50 € (max. 2 Erw. und 4 Kinder 6–14 Jahre).

Fahrkarten sind erhältlich an den Automaten und in den Verkaufs- und Infozentren der Dresdner Verkehrsbetriebe am Hauptbahnhof, Postplatz, Pirnaischen Platz und Albertplatz Mo–Fr 8–19 Uhr, Sa 8–16/18 Uhr, Sa So, Fei 8–18 Uhr (nur Postplatz, Hbf.).

Dresdner Verkehrsbetriebe (C 1)

Abt. Marketing und Vertrieb
Trachenberger Straße 40, Pieschen
Tel. 0351/857-0, Fax 857 10 10
www.dvbag.de
Fahrgastservice: Tel. 857 10 11
Verkehrsverbund Oberelbe (VVO): Seit Mai 1998 gibt es den Verkehrsverbund Oberelbe (Tel. 0180/22 66 22 66, www.vvo-online.de). Der Liniennetzplan (mit Tarifzonenübersicht) umfasst den Großraum Dresden, die Sächsische Schweiz, das östliche Erzgebirge, Teile der Oberlausitz und das Elbegebiet bis Strehla (Eisenbahnnah-

verkehr, S-Bahn, Straßenbahn, Bus). Für diesen Großbereich gilt die Dresden-Regio-Card für 23 €, Geltungsdauer 72 Stunden.

Mit dem Taxi

Die Dresdner Taxitarife sind – im Vergleich zu anderen deutschen Großstädten – günstig. Es gibt vergleichsweise wenig Taxistände, doch man kann die Wagen am Straßenrand heranwinken.
Mietwagen: Tel. 0351/88 88 88 88
Taxi, Sonderbestellungen, Behindertenfahrten: Tel. 0351/211 12 11
Behindertenfahrten führt auch die Volkssolidarität durch: Tel. 413 21 69.

Mit dem Auto

Wer mit dem Wagen unterwegs ist, gerät bereits ab 15 Uhr in die ersten Staus. An den Verkehrsknotenpunkten kommt es zu einem recht zähen Verkehrsfluss (›Grünen Pfeil‹ beachten!). Umleitungen, Gleisarbeiten und Baustellen behindern oft zusätzlich. Der Verkehr ist nicht so dicht wie in westdeutschen Großstädten. Achtung: Die Wilsdruffer Straße im Zentrum, eine breite Durchgangsstraße, darf 8–20 Uhr nur mit Tempo 30 befahren werden.

Parkhäuser und Parkplätze

Die Innenstadt bietet neun Tiefgaragen und 42 Parkplätze sowie drei Park-and-Ride-Anlagen in den Vororten Prohlis, Kadik und Bühlau.
Tiefgaragen: Karstadt (Mo–Sa 9–20.30), Altmarkt Galerie, an der Frauenkirche/Coselpalais (tgl. 6–22 Uhr). Rund um die Uhr geöffnet sind CC City-Center, Hotel Kempinski, art'forum, Dorint-Hotel, Wöhrl Plaza und World Trade Center (WTC); Karstadt hat die meisten Behindertenplätze, nämlich 18. Die Gebühren liegen im Schnitt bei 1–1,50 € je angefangene Stunde.
Parkplätze sind gebührenpflichtig (Zone 1 und 2, Altstadt, innere Neustadt): Mo–Fr 8–19 Uhr 1 bzw. 0,50 € pro Stunde, Sa, So 0,50 € pro Stunde bzw. gebührenfrei. Zentral und praktisch liegt der Parkplatz auf dem Altmarkt mit 380 Plätzen (nicht während des Herbstmarkts im September und des Striezelmarkts im Dezember).
Der in den Tourist-Informationen erhältliche Plan »Parken in der Innenstadt« zeigt Lage, Kapazität einschließlich Behindertenplätze und Zufahrt der Parkhäuser und Parkplätze sehr anschaulich.

Autovermietung

Avis
Flughafen Dresden-Klotzsche
(nördlich F 1)
Tel. 0351/881 46 00
Budget
Flughafen Dresden-Klotzsche
(nördlich F 1)
Tel. 0351/881 46 40
Europcar
Hauptbahnhof (D6)
Tel. 0351/87 73 20
Bhf. Neustadt (D 3)
Tel. 0351/82 82 40
Flughafen Dresden-Klotzsche (nördlich F 1) Tel. 88 145 91
Hertz
Hotel Westin Bellevue
Antonstraße 39
Innere Neustadt (D 4)
Tel. 0351/45 26 30
Flughafen Dresden-Klotzsche
(nördlich F 1)
Tel. 0351/881 45 80

Reise-Infos

National Car Rental
Flughafen Dresden-Klotzsche
(nördlich F 1)
Tel. 0351/881 45 75
Sixt
Hauptbahnhof (D 6), Altstadt
Tel. 01805/25 25 25
Hotel Hilton Dresden
An der Frauenkirche 5 (D 4), Altstadt
Tel. 01805/25 25 25
Flughafen Dresden-Klotzsche
(nördlich F 1)
Tel. 01805/26 25 25

Mit dem Fahrrad
Im engeren Stadtgebiet ist das Fortkommen per Fahrrad manchmal etwas schwierig, da das Kopfsteinpflaster fast überall noch vorherrschend ist. Es gibt aber auch asphaltierte Strecken und Fahrradwege, z. B. an der Ammon-, Güntz-, Pillnitzer, Budapester, Leipziger, Wilsdruffer, Fritz-Löffler-Straße, Großenhainer oder Kesselsdorfer Straße, jedoch kein durchgängiges Netz (s. auch ›Elberadweg‹ S. 76). An Straßenbahnhaltestellen, Kneipen und Biergärten gibt es Fahrradständer oder Abstellplätze, leider insgesamt noch zu wenig.

Fahrradverleih
Im *Hauptbahnhof* (Tel. 0351/461 32 85, 461 32 62, Mo–Fr 6–20, Sa, So 8–20 Uhr) und im *Bahnhof Neustadt* (Tel. 0351/461 56 01, Mo–Fr 7–15 Uhr) kann man City-Räder der *Deutschen Bahn* leihen. Sie sind für normale Entfernungen in der Stadt geeignet. Außerdem verleihen viele Hotels und Pensionen Räder. Hier ist allerdings eine Reservierung ratsam.

Fahrradshop Avanti (D 5)
Wallstraße 19/21, Altstadt
Tel. und Fax 0351/496 31 72
Mo–Fr 9.30–18.30, Sa 9.30–14 Uhr
S: Webergasse, Prager Straße
Praktisch ist hier die zentrale Lage. Fürs Wochenende ist Vorbestellung ratsam.

Alpha Bikes Dresden (E 3)
Louisenstraße 73, Äußere Neustadt
Tel. 0351/801 13 99
www.alphabikes-dresden.de
S: Görlitzer Straße
Mo–Fr 9–13, 14–18, Sa 10–13 Uhr
Radverleih und Reparaturen.

Radsporthaus Päperer (J 4)
Veilchenweg 2, am Körnerplatz, Loschwitz
Tel. 0351/264 12 40, Fax 264 12 52
Mo–Fr 9–19, Sa 9–13 Uhr
Bus: Körnerplatz
Touren- und Trekkingräder, Mountainbikes. Im Sommer herrscht hier Fr und Sa großer Andrang. Man muss dann mit Wartezeiten rechnen.

Stadtrundfahrten und -rundgänge
Stadtrundfahrt Dresden
Königstraße 6, Tel. 0351/899 56 50
Abfahrt: Augustusbrücke/Schlossplatz
www.stadtrundfahrt.com
Dresden Tour: Die Standardtour wird täglich angeboten, dauert ca. 1,5 Std. und kostet 18 €.
Große Tour: Diese Tour beinhaltet eine Parkführung in Pillnitz und dauert, bei einem Preis von 25 € 3 Std.
Super Tour: Die Super-Tour verbindet eine Stadtrundfahrt mit einem Rundgang. Dauer 2,5 Std., 25 €.
Der Veranstalter bietet weitere Spezialtouren und Rundgänge, so z. B. eine Besichtigung der Semperoper oder eine Führung durch die Kasematten, so-

wie Ausflüge ins Umland an.

Hamburger Hummelbahn Dresden
Büro: Feldschlösschenstraße 8
Altstadt
Tel. 0351/494 04 04, Fax 494 04 11
www.stadtrundfahrt-dresden.de
Abfahrt: Postplatz,
Südseite Zwinger
Der Dresdner Ableger der Hamburger Hummelbahn betreibt hier Busse und eine Minibahn. Mit den **roten Hummelbussen**, unter denen es auch, aber nicht nur, Doppeldecker gibt, bzw. der **Hummelbahn** kann man verschiedene Rundfahrten unternehmen, z. B. mit Besuch bzw. Führung der Semperoper, der Frauenkirche, Pfund's Molkerei oder Schloss Pillnitz. Dauer ca. 1,5–3 Std., 13–19 €, Kinder ermäßigt, bis 12 Jahre freier Eintritt.

Dresdner Verkehrsbetriebe
Abfahrt: Hauptbahnhof, Postplatz
Altstadt
Tel. 0351/857 22 01
Die Verkehrsbetriebe bieten verschiedene **City- und Panorama-Touren** mit Straßenbahn und Bus, teils per Schiff und Bergbahn, auch bis Loschwitz und Pillnitz, an: 10–29 €, Kinder ermäßigt.

Dresden Werbung und Tourismus GmbH
Tel. 0351/49 19 21 00
Die Dresden Werbung und Tourismus führt eine Stadtbesichtigung im behindertengerechten Bus durch.

igeltour (E 3)
Pulsnitzer Straße 10
Äußere Neustadt
Tel. 0351/804 45 57, Fax 804 45 48
www.igeltour-dresden.de
Umfangreiche thematische Führungen – zu Fuß, mit Rad, Bahn oder Bus in Dresden und Umgebung. Spezielle, wechselnde Themen (z. B. ›Dresden quer – durch 800 Jahre Stadt‹, ›Romantische Stadtnächte‹, ›Jugendstil‹, ›Hellerau‹, ›Auf Malerpfaden durch Loschwitz‹). Programmheft (über 80 Touren), erscheint jährlich.

Schiffstouren

Die Sächsische Dampfschiffahrtsgesellschaft bietet verschiedene Schiffstouren an – mit historischen Raddampfern oder auch modernen Motorschiffen. Abfahrt vom Terrassenufer (Fahrplanaushang). Saison: Ende März bis Anfang November.

Sächsische Dampfschiffahrts GmbH & Co. Conti Elbschiffahrts KG (C 4)
Hertha-Lindner-Straße 10
Altstadt
Tel. 0351/ 86 60 90, Fax 866 09 88
Fahrplanauskunft: Tel. 0351/866 09 40
www.saechsische-dampfschiffahrt.de
Mit dem Raddampfer nach Loschwitz: Mehrmals tgl., Dauer ca. 1,5 Std., Hin- und Rückfahrt 8,80 €, Kinder bis 14 Jahre die Hälfte.
Mit dem Raddampfer nach Pillnitz: Mehrmals tgl., Dauer ca. 2 Std., 14,30 € mit Rückfahrt, Kinder bis 14 Jahre die Hälfte.
Des weiteren werden freitags und samstags Sommernachts-, Jazz- und Dixielandfahrten veranstaltet. Wer mehr Zeit zur Verfügung hat, der kann mit einem historischen Raddampfer (jeweils 1. Mai Flottenparade) oder einem modernen Motorschiff elbabwärts nach Meißen (nur So) und elbaufwärts über Pirna in die Sächsische Schweiz fahren (s. S. 104).

Zu Gast in

Ob Sie nun eine angenehme Unterkunft suchen, sich ins Nachtleben stürzen, lieber die Szeneviertel der Stadt erkunden, die klassischen Sehenswürdigkeiten kennenlernen wollen oder nur zum Shoppen und Schlemmen gekommen sind – dieser Dresden-Führer gibt Ihnen nützliche Tipps und ausgesuchte Adressen an die Hand, damit Ihr Aufenthalt zu einem Erlebnis wird. Die Gitternetzangaben bei allen

Dresden

Adressen und die herausnehmbare Karte helfen bei der problemlosen Orientierung. Auf die Dresden-Highlights werden Sie in der Karte förmlich mit der Nase gestoßen. Wer mit Dresden aus ungewöhnlicher Perspektive auf Tuchfühlung gehen möchte, sollte sich von den fünf Touren leiten lassen…

Übernachten

Im historischen Gewand: das Kempinski Hotel Taschenbergpalais

In den letzten Jahren hat sich das Angebot in Dresden beträchtlich erweitert. Besonders in der mittleren und gehobenen Klasse sind neue Häuser entstanden oder wurden aufwändig modernisiert. Heute kann der Besucher wählen: von der einfachen Pension über Mittelklassehäuser bis zur Luxusherberge im Zentrum oder dem Schlosshotel im Grünen. Es gibt rund 90 Hotels, 70 Pensionen (ca. 13 000 Betten) und ca. 2000 Betten in Privatquartieren.

So man Wert auf ein bestimmtes Haus legt, sollte man frühzeitig buchen. An Wochenenden (außer wenn Fr oder Mo ein Feiertag ist) bieten viele Hotels Rabatte oder Pauschalangebote. Am Stadtrand und etwas außerhalb sind die Unterkünfte günstiger. Wenn kurzfristig nichts mehr geht: In den drei Ibis-Hotels an der Prager Straße nachfragen (Tel. 0351/48 56 66 61–63).

Für den Kurzbesucher empfehlen sich als Standort die Altstadt und die Innere Neustadt: Viele Sehenswürdigkeiten, Theater und Restaurants sind zu Fuß gut zu erreichen. Wer ruhiger und im Grünen wohnen möchte, für den empfehlen sich Unterkünfte in den östlichen Stadtteilen Blasewitz, Striesen, Loschwitz oder Laubegast. Man muss dann allerdings die längere Fahrt ins Zentrum in Kauf nehmen.

Günstige Hotels

Die Boofe (E 2)
Hechtstraße 10
Äußere Neustadt, Hechtviertel
Tel. 0351/801 33 61, Fax 801 33 62
www.boofe.de
95 Betten
EZ 26–31, DZ 38–46, Mehrbettzimmer ab 15 € pro Person, Frühstück extra
S: Bischofsplatz
Auf vier Etagen gibt es sehr schlichte Zimmer; Wohnküche und Aufenthaltsräume, Duschen und Toiletten befinden sich auf den Etagen, Kneipe im Erdgeschoss sowie Sauna und Partyraum im Keller.

City-Herberge (E 5)
Lingnerallee 3
Altstadt
Tel. 0351/485 99 00, Fax 485 99 01
www.city-herberge.de
97 (EZ, DZ und Mehrbett-)Zimmer
EZ 31,50–47,50, DZ 46–63 €
S: Pirnaischer Platz
Das ehemalige Bürohaus wirkt von außen nicht gerade einladend, ist innen aber modernisiert und durchaus ansprechend. Funktionelle Zimmer auf kleinster Fläche bei bester Platzausnutzung. Duschen und Toiletten auf den Etagen. Besonders geeignet für größere Reisegruppen.

Übernachten

CVJM-Jugendschiff (C 3)
Leipziger Straße 15
Neustadt, Leipziger Vorstadt
Tel. 0351/895 48 50, Fax 849 54 84
www.jugendschiff.cvjm-sachsen.de
EZ 44, DZ 70, Mehrbettzimmer 33 €
pro Person
S: Hafenstraße
21 moderne Ein-, Zwei- und Dreibett-Kajüten mit Dusche, WC (erstaunlich geräumig) und Tel., zwei davon behindertengerecht. Alle Decks des schmucken Schiffs sind auch per Fahrstuhl erreichbar; auch Vollpension, Gruppentarife. Lage direkt am Elberadweg.

Hostel Louise 20 (E 3)
Louisenstraße 20
Äußere Neustadt
Tel. 0351/889 48 94, Fax 889 48 93
www.louise20.de
90 Betten (DZ, 3–5-Bett-Zimmer)
EZ 26–30, DZ 37–40, im 3–5-Bettzimmer ab 15 € pro Person, Frühstück extra
S: Louisenstraße
Liegt zentral im Szeneviertel. Modernes Haus im Hof über der Kneipe Planwirtschaft (s. S. 67). Allergikergerechte Zimmerausstattung, WC und Duschen auf dem Flur. Fahrradverleih.

Hostel Mondpalast (E 3)
Louisenstraße 77
Äußere Neustadt
Tel. 0351/563 40 50, Fax 563 50 55
www.mondpalast.de
80 Betten, EZ ab 29, DZ ab 37, Mehrbettzimmer ab 15 € pro Person, Frühstück extra
S: Görlitzer Straße, Pulsnitzer Straße
Die Herberge liegt günstig im Szeneviertel. Die modernen, funktionellen Zimmer sind farbenfroh gestaltet und z. T. mit ungewöhnlichen Wandmalereien versehen. Küche für Selbstversorger, Bar und Internet-Café.

Hotel Privat (F 3)
Forststraße 22, Äußere Neustadt
Tel. 0351/81 17 70, Fax 801 39 53
www.das-nichtraucher-hotel.de
29 Zimmer, 1 FeWo, EZ 51–66,
DZ 67–86 €
S: Nordstraße
Deutschlands erstes Nichtraucherhotel bietet neben allergiegerechter Ausstattung auch eine gesundheitsbewusste Küche. Hier ist in ruhiger grüner Lage ein angenehmer Aufenthalt in gediegener und persönlicher Atmosphäre sozusagen garantiert. Alle Zimmer mit Kühlbar und Safe. Garagen und Parkplätze auf dem Grundstück.

Kandler's (A 5)
Kesselsdorfer Straße 40, Löbtau
Tel. 0351/422 08 48, Fax 422 08 52
www.kandlers.de
22 Zimmer, EZ 65–74, DZ 79–98 €
S: Burgkstraße
Im renovierten Gründerzeithaus befinden sich auch Brasserie und Restaurant (französisch inspiriert, Mo–Sa 11–24, So bis 22 Uhr); Parkplatz im Hof. Hier wohnt man ganz praktisch: Taxistand vor der Tür und Straßenbahnhaltestelle schräg gegenüber.

Preisniveau

Günstig	DZ von 50 bis 85 € EZ von 35 bis 65 €
Moderat	DZ von 80 bis 130 € EZ von 60 bis 100 €
Teuer	DZ von 100 bis 200 € EZ von 90 bis 140 €
Luxus	DZ von 200 bis 350 € EZ von 140 bis 250 € Suiten per Nachfrage

Alle Preise beziehen sich auf die Saison 2006

Übernachten

Hostel & Backpacker Kangaroo-stop (D 3)
Erna-Berger-Straße 8–10
Äußere Neustadt
Tel./Fax 0351/314 34 55
www.kangaroo-stop.de
80 Betten, EZ ab 27, DZ ab 34, Mehrbettzimmer ab 12,50 € pro Person, Frühstück extra
S: Bahnhof Neustadt, Albertplatz
Die Herberge liegt zentral und verkehrsgünstig, aber ruhig, keine 5 Min. vom Bahnhof Neustadt entfernt. Auch zu Fuß geht es ins Szene- und Ausgehviertel Äußere Neustadt. Separates Haus für Familien, Parkplätze auf dem Grundstück.

Gästehaus Mezcalero (E 2)
Königsbrücker Straße 64
Äußere Neustadt
Tel. 0351/81 07 70, Fax 810 77 11
www.mezcalero.de
22 Zimmer, EZ 35–48, DZ ab 70 €, Frühstück extra
S: Bischofsweg
Eine ganz ungewöhnliche, aber besonders einladende Bleibe mit Atmosphäre: alle Zimmer und die gesamte Inneneinrichtung des gastfreundlichen Hauses sind individuell nach aztekisch-mexikanischen Vorbildern in schön abgestimmten Farben gestaltet. Ruhige Lage im Hinterhaus, einige Parkplätze im Hof.

Pension am Zwinger (C 4)
Ostra-Allee 27, Altstadt
Tel. 0351/899 00 30, Fax 899 00 33
www.pension-zwinger.de
18 Zimmer, EZ ab 50, DZ ab 70 €, Frühstück extra
S: Haus der Presse, Am Zwingerteich
Im repräsentativen Gründerzeitbau (Lift) in zentraler Lage laden großzügige und modern ausgestattete Zimmer ein (alle mit Mini-Küche). Parkplätze im Hof. Man geht bequem etwa 500 m bis zum Zwinger.

Pension Andreas (H 4)
Mendelssohnallee 40/42, Blasewitz
Tel. 0351/31 57 70, Fax 315 77 55
www.pensionandreas.de
16 Zimmer, EZ 47, DZ 68 €
S: Prellerstraße
Das familiär geführte Haus liegt ruhig im Villenviertel und hat freundliche Zimmer. Frühstück gibt es im Wintergarten. Zu den Biergärten am Blauen Wunder und nach Loschwitz ist es nicht weit.

Mittelklassehotels

Achat Hotel Dresden (C 6)
Budapester Straße 34, Südvorstadt
Tel. 0351/47 38 00, Fax 473 80-999
www.achat-hotel.de
158 Zimmer, EZ und DZ 84–104 €, Frühstück extra
Bus: Arbeitsamt
Modernes Haus mit komfortablen Zimmern, davon 51 Appartements mit Miniküche; großer Frühstücksraum, Tiefgarage. Direkt gegenüber befindet sich das Stammhaus der Feldschlößchen-Brauerei (s. S. 38).

Artis Hotel (B 4)
Berliner Straße 25, Friedrichstadt
Tel. 0351/864 50, Fax 864 59 99
92 Zimmer, EZ 69–85,
DZ 95–120 €
S: Berliner Straße, Manitiusstraße
Man merkt sich den freundlichen Empfang mit einem Glas Sekt. Große moderne Wohnanlage – für Tage oder auch Wochen; praktisch und sehr geschmackvoll eingerichtete Appartements mit großer Küche. Mit dem Lift geht es zu den Geschäften im Erdgeschoss.

Übernachten

Artushof / Residenz Apart Hotel (F 5)
Fetcherstraße 30, Striesen
Tel. 0351/44 59 10, Fax 445 91-129
www.artushof.de
24 Zimmer, EZ 50–75, DZ 85–155 €, Frühstück extra
S: Fetcherplatz
Im stattlichen Gründerzeitbau direkt am Fetcherplatz kann man sich in modernen und geschmackvollen Appartements wohlfühlen, die alle über eine Küche verfügen. Auch für längere Aufenthalte geeignet. Restaurant.

Gutshof Hauber (K 7)
Wehlener Straße 62, Tolkewitz
Tel. 0351/254 660, Fax 254 66 66
www.hotel-gutshof-hauber.de
28 Zimmer, EZ 65, DZ 95 €
S: Wasserwerk Tolkewitz
Neu gestalteter, denkmalgeschützter Bauernhof aus dem 19. Jh., einladend und mit Atmosphäre. Große freundliche Zimmer und Bäder – besonders schön die Ecklagen mit Fenstern zu zwei Seiten. Restaurant mit regionalen Gerichten, Biergarten, Kaffeeterrasse; Parkplätze im Innenhof.

ibis-Hotels Bastei, Königstein und Lilienstein (D 5)
Prager Straße, Altstadt
Tel. 0351/485 66 61, -62, -63
www.ibis-dresden.de
Jeweils 306 Zimmer, EZ 53–66, DZ 68–81 €, Frühstück extra
S: Hbf, Prager Straße, Walpurgisstraße
Unübersehbar sind diese drei großen Blöcke an der Westseite der Prager Straße (ehem. Staatshotels der DDR). Inzwischen ist alles modernisiert, Zimmer normaler Standard, große Frühstücksräume (kann unruhig werden). Gut für Gruppen geeignet. Praktisch ist die zentrale Lage.

Martha Hospiz (D 3)
Nieritzstr. 11, Innere Neustadt
Tel. 0351/817 60, Fax 817 62 22
www.vch.de/marthahospiz.dresden
50 Zimmer (7 behindertengerecht), EZ 77–84, DZ 107–118 €
S: Albertplatz, Palaisplatz
Traditionsherberge in der Neustadt (seit 1899). Ein empfehlenswertes Haus, für den, der Ruhe sucht; gepflegt und gediegen mit modernem Komfort. Sehr freundlicher Frühstücksraum im Biedermeierstil. Parkplatz nahebei. Im Haus Restaurant Zum Kartoffelkeller (s. S. 45).

Rothenburger Hof (E 3)
Rothenburger Straße 15–17
Äußere Neustadt
Tel. 0351/812 60, Fax 812 62 22
www.rothenburger-hof.de
26 Zimmer, EZ 85–125, DZ 110–150 €
S: Bautzner-/Rothenburger Straße
Seit 1865 besteht das gastfreundliche, renovierte Haus im Neustadt-Szeneviertel; begrünter Hof mit Neubau.

Gehobener Komfort

art'otel (C 4)
Im art'forum, Ostra-Allee 33, Altstadt
Tiefgaragenzufahrt: Maxstraße
Tel. 0351/49 22-0, Fax 49 22-777
www.artotels.com
174 Zimmer und Studios, behindertengerechte und Nichtraucherzimmer, EZ 94, DZ 94 €, Frühstück extra
S: Maxstraße, Könneritzstraße
Das ungewöhnliche Gesamtkunstwerk, ein spitzwinkliger Gebäudekomplex aus Glas und Stahl, vereint zeitgemäße Architektur, gekonntes Design des Mailänders Denis Santachiara und knapp 800 Werke A. R. Pencks, dem in Dresden geborenen, international arrivierten Künstler. Vom fünften Stock der

Übernachten

Blick durch Pencks monumentale Figur Standart TX auf die ›Rückansicht‹ der Altstadt.

Dorint Novotel Dresden (E 5)
Grunaer Straße 14, Altstadt
Tel. 0351/49 15-0, Fax 49 15 100
www.accorhotels.com
244 Zimmer, EZ 99–142,
DZ 119–162 €
S: Deutsches Hygiene-Museum
Das moderne First-Class-Hotel bietet allen Komfort, gute Ausstattung und angenehme Atmosphäre: Freizeitbereich Dorimare, Restaurant ›Die Brücke‹, Bier- und Weinstube, gemütliche Probierstube ›Wein & Co.‹ sowie eine Portwein & Zigarren-Lounge. Günstig ist die zentrale Lage: nur zwei Straßenbahnstationen ins Zentrum.

Elbflorenz Dresden (C 5)
Im World Trade Center
Rosenstraße 36, Altstadt
Tel. 0351/86 400, Fax 86 40-100
www.hotel-elbflorenz.de
S: Freiberger Straße
227 Zimmer
EZ 90–130, DZ 105–150 €,
Frühstück extra
Ein ›Italiener‹ in Dresden: Das Haus mit modernstem Standard besticht mit stilvollem mediterranen Ambiente. Perfekt betont durch den stimmungsvollen Innenhof und das italienische Restaurant ›4 Cani della Citta‹; Bistro-Bar La Piazza (abends Piano-Musik), Tiefgarage.

Four Points Hotel Königshof (E 7)
Kreischaer Straße 2, Strehlen
Tel. 0351/873 10, Fax 873 14 99
www.fourpoints.de/koenigshof
93 Zimmer, EZ ab 66,
DZ ab 81 €, Frühstück extra
S, Bus: Wasaplatz
Das Haus bietet modernen Komfort in einem denkmalgeschützten Gebäude. Die Zimmer sind groß und freundlich. Bistro, Prachtvoller Ballsaal im Neorenaissance-Stil, Tagungsräume, Tiefgarage. Gute Anbindung an die Innenstadt; Taxistand gegenüber.

Hilton Dresden (D 4; Sonderkarte Altstadt)
An der Frauenkirche 5, Altstadt
Tel. 0351/86 42-0, Fax 86 42-725
www.hilton.de/dresden
333 Zimmer, EZ ab 135, DZ ab 155 €,
Frühstück extra
S: Altmarkt
Der 1987–89 errichtete Komplex besetzt wie eine kleine Stadt das Geviert zwischen Töpferstraße, Münzgasse, Brühlscher Gasse und Terrassengasse. Der Vorteil dieses Hauses ist seine zentrale Lage: die Sehenswürdigkeiten im Altstadtkern ebenso wie die Schiffsanlegestellen am Terrassenufer sind gut zu Fuß zu erreichen. Gehobene Ausstattung, großzügige Halle, Geschäfte und zahlreiche Gastronomiebetriebe aller Art: sächsisch, böhmisch, italienisch (Spitzenrestaurant Rossini, s. S. 42). Mit Disko »m.5 Nightlife«, Swimmingpool, Congress-Center, Bistro und Tiefgarage.

Holiday Inn (E 2)
Stauffenbergallee 25 a
Äußere Neustadt
Tel. 0351/815 10, Fax 815 13 33
www.holiday-inn-dresden.de
120 Zimmer, EZ 99–140, DZ 118–159 €
S, Bus: Stauffenbergallee
Modern gestaltetes Haus, spannungsvolles, praktisches Design. Der Frühstücksraum hat einen großen Nichtraucherteil; sehr gutes Frühstücksbüfett. Kaffee- und Teebar im Zimmer. Hallenbad, Sauna und Solarium. Kostenlose Leihfahrräder.

Übernachten

Park Plaza Hotel (E 1)
Königsbrücker Straße 121a
Äußere Neustadt, Albertstadt
Tel. 0351/806 30, Fax 806 37 21
www.parkplaza.com
148 Zimmer, EZ ab 89, DZ ab 102 €, Frühstück extra
S, Bus: Stauffenbergallee
Modernes Haus mit angenehmem Komfort und gediegenem Design. Zimmer in Art-déco-Anklängen, ein mexikanisches Restaurant, American Sportsbar, Pianobar, prächtiger, historischer Ballsaal ›Lindengarten‹.

Luxushotels

Bülow Residenz (D 4)
Rähnitzgasse 19, Innere Neustadt
Tel. 0351/800 30, Fax 800 31 00
www.Buelow-Residenz.de
S: Neustädter Markt
30 Zimmmer, EZ 190, DZ 240 €, Frühstück extra
Geschmackvoll und perfekt eingerichtetes Hotel in einem der ältesten Barockhäuser Sachsens (1730). Als erste Herberge in den neuen Bundesländern wurde die Bülow Residenz in den »Guide '97« der exklusiven Hotelvereinigung ›Relais & Chateaux‹ aufgenommen – garantiert hoher Qualitätsstandard. Gourmet-Restaurant Caroussel (s. S. 41).

Kempinski Hotel Taschenbergpalais Dresden (D 4; Sonderkarte Altstadt)
Taschenberg 3, Sophienstraße
Altstadt
Tel. 0351/491 20 (Zentrale), 491 28 12 (Reservierung), Fax 491 28 12
www.kempinski-dresden.com
214 Zimmer, EZ ab 159, DZ ab 189 €, Frühstück extra
S: Postplatz, Theaterplatz
Nobelherberge in wiederaufgebauter barocker Gestalt; beste Lage in der Altstadt. August der Starke errichtete das prachtvolle Taschenbergpalais für Gräfin Anna Constanze von Cosel; später wurde es zur Thronfolgerresidenz ausgebaut. Das Haus der Luxusklasse gehört fraglos zu den ersten Hoteladressen Deutschlands und lässt keinen Wunsch offen: elegant, stilvoll und von großzügiger Atmosphäre. Restaurant, Café, großer, besonders abends stimmungsvoller Innenhof, Geschäfte integriert. Von den Zimmern der Nordseite (obere Etagen) wunderbarer Blick zum Theaterplatz.

Maritim Hotel & Internationales Congress Center Dresden (D 4)
Devrientstr. 10–12/Ostra-Ufer 2
Altstadt
Tel. 0351/21 60, Fax 216 100
www.maritim.de
328 Zimmer, EZ 160, DZ 180 €, Frühstück extra
S: Haus der Presse
Der an der Elbe stehende, denkmalgeschützte ehemalige städtische Speicher (Hans Erlwein, 1914) wurde zum exklusiven Hotel umgebaut. Nun bildet der wuchtige, zehnstöckige Bau in Verbindung mit dem Congress Center einen bedeutenden städtebaulichen Akzent. Schwimmbad und Wellness-Bereich, zwei Restaurants, Tiefgarage.

Radisson SAS Gewandhaus Hotel Dresden (D 5; Sonderkarte Altstadt)
Ringstraße 1, Altstadt
Tel. 0351/494 90, Fax 494 94 90
www.dresden.radissonsas.com
97 Zimmer, Nichtraucher-, Allergiker- und behindertengerechte Zimmer,

Übernachten

EZ und DZ ab 125 €, Frühstück extra
S: Pirnaischer Platz
Nach vollständiger Sanierung erstrahlt das 1768–70 in ruhigen barocken Formen erbaute Neue Gewandhaus in besonderem Glanz. Hotelhalle, Havana-Bar und geschmackvoller Innenhof sind von edler Gediegenheit, die Zimmer alle im Biedermeierstil (Nichtraucher-, Allergiker- und behindertengerechte Zimmer), Marmorbäder. An der Westseite zur Gewandhausstraße schöner Barockbrunnen in üppiger Fensterrahmung (vom Wohnhaus des Hofgoldschmieds J. M. Dinglinger). Besonderer Vorteil: zentrale Lage, am Neuen Rathaus.

Schloss Eckberg (H 3)

Bautzner Str. 134, Loschwitz
Tel. 0351/809 90, Fax 809 91 99
www.schloss-eckberg.de
17 Zimmer im Schloss, 67 Zimmer im Kavaliershaus, Schloss EZ 160–180, DZ 210–235, Kavaliershaus EZ 85–97, DZ 118–135 €
S: Schloss Albrechtsberg
In einem 15 ha großen Park liegen Eingangsgebäude (Rezeption), Remise, Kavaliershaus und am Elbhang das neugotische Schloss (1859–61) mit wunderschöner Terrasse und prachtvollem Blick ins Elbtal. Individuelles, luxuriöses Ambiente; die malerische Schloss- und Parkanlage nach Art englischer Landsitze bietet ruhigen Aufenthalt. Restaurant, Weinkeller, Seminar- und Konferenzräume, Parkplätze im Hotelbereich.

Steigenberger Hotel de Saxe (D 3)

Neumarkt 9, Altstadt
Tel. 0351/43 86-0, Fax 43 86-888
www.desaxe-dresden.steigenberger.de
185 Zimmer, EZ ab 119, DZ ab 149 €, Frühstück extra
S: Pirnaischer Platz, Altmarkt
Logieren in der ersten Reihe – hier wird es zum Erlebnis! Das neue luxuriöse Hotel (April 2006) als Teil des historisch getreu wiedererstehenden Neumarkts bietet modernsten Komfort und den schönsten Blick auf die Frauenkirche. Tiefgarage.

The Westin Bellevue Dresden (D 4)

Große Meißner Str. 15
Innere Neustadt
Tel. 0351/80 50, Fax 805 16 09
www.westin.com/dresden
340 Zimmer, EZ 123, DZ 143 €, Frühstück extra
S: Neustädter Markt
Der luxuriöse und ausgedehnte Hotelkomplex befindet sich in schöner Lage zur Elbe. Garten- und Parkanlagen mit Skulpturen und die barocke Bausubstanz wurden gelungen integriert. Von der Gartenseite der berühmte ›Canaletto-Blick‹ auf das Altstadtpanorama – nun wieder mit Frauenkirche. Schöner Innenhof, Swimmingpool, Restaurant Canaletto, Vinothek, Biergarten, Café, Tiefgarage. Vom Hotel lässt sich die Neustadt mit der Königstraße gut erkunden; über die Augustusbrücke ist es nur ein Katzensprung zur Altstadt.

Jugendherbergen

www.djh-sachsen.de

Jugendgästehaus Dresden (C 5)

Maternistr. 22, Altstadt
Tel. 0351/492 620, Fax 492 62 99
480 Betten (EZ, DZ, 3- und 4-Bett-Zimmer), z. T. mit Dusche/WC; behindertenfreundliche Zimmer, EZ ab 26, DZ ab 36 €. Nur mit DJH-Ausweis.
S: A.-Althus-Straße, Freiberger Straße

Übernachten

Riesiger, nüchterner Kastenbau, aber renoviert und zentral gelegen. Mit Ausflugs- und Kulturprogramm.

JH Rudi Arndt (C 6)
Hübnerstraße 11, Südvorstadt, Schweizer Viertel
Tel. 0351/471 06 67, Fax 472 89 59, 74 Betten; EZ 20,90, DZ 39,80, Mehrbettzimmer 14,90–15,90 €, Frühstück und Bettwäsche extra
S: Nürnberger Platz

Herbergsschiff ›Die Koje‹ (C 3)
Alter Neustädter Hafen, Leipziger Straße 15
Innere Neustadt/Leipziger Vorstadt
S: Hafenstraße
Tel. 0351/840 09 81, Fax 840 09 85
www.diekoje.de
80 Betten, 2-, 3-, 4-Kojen, Junioren 19,50, Senioren 22, Schulklassen und Jugendgruppen 16,50 €, Bettwäsche extra. Einfache Ausstattung, Fahrradverleih, Lage direkt am Elberadweg.

JH Radebeul (nordwestl. A 1)
Weintraubenstraße 12
01445 Radebeul
Tel. 0351/838 28 80, Fax 838 28 81
S-Bahn: Radebeul-Weintraube
82 Betten, 1–5–Bett–Zimmer
Junioren 14,80, Senioren 17,30 €, Frühstück extra.

Mitwohnzentralen

Comeniusstraße 40 (F 5), Altstadt
Tel. 0351/358 88
S: Comeniusplatz

Königstraße 10 (D 3)
Innere Neustadt
Tel. 0351/502 22 33, Fax 502 29 77
S: Palaisplatz

Bischofsweg 66, Äußere Neustadt
Tel. 53 43 39
S: Bischofsweg

Dr.-Fr.-Wolf-Straße 2, gegenüber Neustädter Bahnhof (D 3)
Innere Neustadt
Tel. 0351/194 30, Fax 802 25 09
S: Bhf. Dr.-Neustadt

Camping

Auf Dresdner Stadtgebiet gibt es drei Campingplätze, die Anlage in Mockritz liegt recht zentral.

Campingplatz Mockritz (südlich D 8)
Boderitzer Straße 30, südlich des Hbf., ca. 5 km ins Stadtzentrum
Tel. 0351/471 52 50, Fax 479 92 27
Ganzjährig geöffnet
Stellplätze für Zelte 1,50–3, Auto, Caravan, Wohnmobil 5, Kinder 2, Erwachsene 4,50 €. Am Freibad Mockritz.

Campingplatz Wostra (südlich K 8)
An der Wostra 7, Meußlitz
Tel. 0351/201 32 54
April–Okt. geöffnet
60 Stellplätze, Platz 7, pro Person 2 €
Am Freibad Wostra und FKK-Strandbad nahe der Elbe (gegenüber Pillnitzer Elbinsel) am südöstlichen Stadtrand gelegen, ca. 12 km vom Stadtzentrum.

Caravan-Camping Dresden-Nord (nördlich D 1)
Elsterweg 13, Hellerau/ Wilschdorf
Tel. 0351/880 97 92
Ganzjährig geöffnet
Stellplatz 5–6, pro Person 3 €
Gut 1 km nördlich der Autobahnausfahrt Hellerau, ca. 7 km ins Zentrum.

Essen & Trinken

Für Schlemmer: Frühstücksbüfett im Hilton Dresden

Dresden bietet heute alle Möglichkeiten, gut zu essen und zu trinken. Seit der Wende 1989/90 ist die Stadt im Auf- und Umbruch, Traditionelles wird wiederbelebt. Besonders angenehm für den Besucher sind die erstaunlich vielen Restaurants und Brauhäuser, Cafés, Bistros und Biergärten, viele mit gehobenem Ambiente oder in historischer Einrichtung – meist geschmackvoll und individuell gestaltet und vor allem mit Einfallsreichtum, Freundlichkeit und Umsicht betrieben. Ob sächsisch-deftig, bei einer Vielzahl von Nationalitätenküchen oder im Gourmet-Tempel – die Tafel ist für jedermann gedeckt (bei angemessenem Preisniveau).

Instruktiv und anregend ist der Gastronomieführer »Augusto« der SZ mit rund 850 teils kommentierten Adressen auch für die Umgebung; Tipps zu Einkaufen, Weinbau, Szene, Sport und Kulturkalender.

Die traditionelle sächsische Küche wird wieder groß geschrieben. Sie ist herzhaft, solide und bodenständig, deftig und gehaltvoll – also nichts für Kalorienmuffel – wird aber vielfach variationsreich verfeinert. Schlachtplatte und Pökeleisbein, Dresdner oder Pulsnitzer Sauerbraten mit Apfelrotkohl, Lausitzer Kümmelbraten auf Schmorkohl oder Moritzburger Schweinsröllchen sollte man probieren. Wild und Fisch, etwa

Sächsische Weinstraße

1993 erhielt die seit Jahrhunderten kultivierte Landschaft im oberen Elbtal zwischen Diesbar-Seußlitz und Pirna die Bezeichnung ›Sächsische Weinstraße‹. Sie ist 55 km lang und rund 460 ha nicht nur das zweitkleinste, sondern auch das nordöstlichste deutsche Weinbaugebiet. Die Winzer erzeugen hier bei milden Jahrestemperaturen, einem besonderen Kleinklima und auf vielfältigen Böden (Granit, Porphyr, Gneis, Kalkstein, Löß) charaktervolle Weine. Der Anbau ist besonders arbeitsintensiv, bringt aber trotzdem nur vergleichsweise geringe Hektarerträge, so dass die Weine im oberen Preissegment liegen. Gesamtwirtschaftlich ist der Weinbau von geringer Bedeutung, für die Pflege und den Erhalt der Kulturlandschaft, für den Tourismus und für das Selbstverständnis der Region aber äußerst wichtig. Tourismusverband Sächsisches Elbland e. V. und Weinbauverband Sachsen e. V., Fabrikstraße 16, 01662 Meißen, Tel. 03521/763 50, Fax 76 35 40, www.elbland.de, www.Weinbauverband-Sachsen.de.

Essen & Trinken

Karpfen aus sächsischen Gewässern, sind beliebt, auch Süß-Saures darf's sein. Kartoffelsalat gibt es in vielen Zubereitungsarten, z. B. mit Wurst, Fleisch, Fisch, Gemüse, Äpfeln. Die sämige sächsische Kartoffelsuppe ist immer zu empfehlen.

Quarkkeulchen werden heiß mit Zimt und Zucker gegessen. Zum Kaffee gehört ein Stück Eierschecke oder (im Winter) Dresdner Christstollen (Striezel). Hier bürgt das Siegel der Dresdner Bäckerinnung für Qualität.

Zum kräftigen Essen gehört ein herb-würziges Radeberger Pilsner oder ein etwas leichteres Pilsner Bier wie Dresdner Felsenkeller, Feldschlösschen, Wernesgrüner, Torgauer und Freiberger oder ein böhmisches Bier. Dunkle Biere sind Eibauer, Schwarzer Steiger und Köstritzer.

Die Elbtalweine entstammen einem der nördlichsten Weinanbaugebiete Europas, das sich zwischen Pirna und Diesbar-Seußlitz erstreckt. Der erste urkundliche Nachweis des Weinanbaus stammt aus dem Jahr 1161; mit rund 460 ha ist es das zweitkleinste der deutschen Weinanbaugebiete. Hauptsächliche Sorten sind Müller-Thurgau (mildduftig mit feiner Muskatnote), Traminer (würzig), Riesling (blumig), Ruländer (feurig-kräftig), Weißburgunder (lieblich), Gutedel (leichter Tischwein); dazu kommen Scheurebe, Morio-Muskat, Bacchus und Kerner. Rotwein (Spätburgunder und Portugieser) hat nur einen geringen Anteil an der Produktion.

Gut und günstig

Bauernstuben im Kügelgenhaus (D 4)
Hauptstraße 13, Innere Neustadt
Tel. 0351/563 31 26
Tgl. 11 Uhr – open end
S: Neustädter Markt, Albertplatz
Hier genießt man gutbürgerlich-sächsische Küche in historischem Ambiente. Suppen 2,60, Vorspeisen, kleine Gerichte 3,10–8,30, vegetarisch 4,50–8, Hauptgerichte (Fleischspieße, Rippchen) 5–10,50 €. Das repräsentative Haus von 1765-70 (auch ›Gottessegenhaus‹) mit der frühklassizistischen Fassade ist nach dem Maler Gerhard von Kügelgen benannt; im ersten Stock befindet sich das Museum der Dresdner Romantik. Im Sommer sitzt man draußen unter den Bäumen am Fußgängerboulevard.

Bierhaus Dampfschiff (D 4; Sonderkarte Altstadt)
Münzgasse, Altstadt
Tel. 0351/864 28 26, Fax 864 27 25
Tgl. 11.30–23, Sommer bis 24 Uhr
S: Theaterplatz, Altmarkt
Hier kann man elbnah vor Anker gehen.

Brauereiführungen

Die berühmte **Radeberger Exportbrauerei** bietet Führungen (mit Verkostung) von der Entstehung bis zur Abfüllung des Radeberger Pils bzw. des Zwickelbiers (unfiltriert). Anmeldungen: Tel. 035 28/45 48 80. www.radeberger.de. Ausschank im historischen Restaurant Kaiserhof, Hauptstraße 62. Radeberg (S-Bahn-Station) liegt 15 km nordöstlich von Dresden.

Führungen bzw. Besichtigungen sind auch möglich im *Ball- und Brauhaus Watzke* (s. S. 37), im *Brauhaus am Waldschlösschen* (s. S. 37) und im *Feldschlösschen Stammhaus* (s. S. 38).

Essen & Trinken

Das ›Dampfschiff‹ ist stilecht in Ober- und Unterdeck geteilt, zu deftigen regionalen Spezialitäten und Fischgerichten schmecken Franziskaner, Köstritzer oder eine Radeberger Pils. Fr und Sa 19–22 Uhr Schifferklavier. Im Sommer sitzt man angenehm auf der Terrasse zur belebten Münzgasse. Salate 3,90–7, Bierhappen vom Holzbrett 6,90–9,20, Bratwurst, Grillhaxe, Rostbrätl 8,20–13,90 €.

Körnergarten (J 4)
Friedrich-Wieck-Straße 26, Loschwitz
Tel. 0351/268 36 20
Tgl. 11–24 Uhr
Bus: Körnerplatz
Traditionsgaststätte (seit 1877) direkt am Elbufer mit Terrasse und schattigem Biergarten (viele Fahrradständer). Der Blick auf Blaues Wunder und Blasewitz ist auch aus den Tatort-Krimis mit Kommissar Ehrlicher bekannt. Sächsisch-deutsche Küche. Suppen 3–3,50, Salate 3–8, kleine Gerichte 4,50–8, Hauptgerichte 7,50–12 €.

Paulaner's (D 4; Sonderkarte Altstadt)
Im Taschenbergpalais, Taschenberg 3
Altstadt
Tel. 0351/496 01 74
Tgl. 11–1 Uhr
S: Postplatz, Theaterplatz, Altmarkt
Im Bistro-Stil eingerichtet, urgemütlich. Man sitzt wunderbar vor allem im

Essen & Trinken

Direkt an der Elbe: Ball- und Bierhaus Watzke mit Biergarten

che zuwenden will, liegt richtig. Schmackhaft und gehaltvoll sind die frisch zubereiteten Gerichte der Region: Sauerbraten und Knödel, Gänsebraten und Wild, dazu ein Radeberger oder Krušovice; Fr und Sa 20-23 Uhr Live-Musik (böhmische Blasmusik, Dixieland). Suppen 3, Salate, kleine Gerichte 3,50–8,30, Hauptgerichte 7,80–19,50, Dessert 2,70–3,30 €.

Brauhäuser, Ausflugsgaststätten und Traditionslokale

Ball- und Brauhaus Watzke (C 2)
Kötzschenbroder Str. 1, Pieschen
Tel. 0351/85 29 20
www.Watzke.de
Tgl. 11–24 Uhr
S: Altpieschen, Rehefelder Straße
Direkt am Elbufer gelegener, reich gestalteter historischer Bau von 1898/99 als Ausdruck des regen Ballhauslebens der Jahrhundertwende. Der wunderbare Saal ist mit Bühne, Empore und Stuckdecke mit großem Mittelbild versehen. Angenehm schattiger Biergarten zur Elbe mit Sicht auf die abends schön illuminierte Altstadt. Zu herzhaften sächsischen Speisen schmeckt das Watzke-Pils. Das unfiltrierte Bier wird in großen Kupferkesseln in der Schankwirtschaft gebraut. Suppen 3,10, Salate 3,20–7, Häppchen zum Bier 3,40–4,90, Hauptgerichte 5,60–12,50 € (Haxenfleisch mit Bratkartoffeln 7,80 €).

Innenhof zur Schlossseite und labt sich an sächsischer und bayrischer Küche: Weißwürste, Nürnberger Würstchen, Schweizer Wurstsalat. Suppen 3,50, Salate, kleine Gerichte 3,50–12,50, Hauptgerichte 7–15, Dessert 2,70–3,30 €.

Sächsisch-Böhmisches Bierhaus Altmarktkeller (D 5; Sonderkarte Altstadt)
Altmarkt 4, Altstadt
Tel. 0351/481 81 30
Tgl. ab 11 Uhr
S: Altmarkt
Wer sich hier im beeindruckenden Gewölbekeller erwartungsvoll der bodenständigen sächsisch-böhmischen Kü-

Brauhaus am Waldschlösschen (G 3)
Am Brauhaus 8 b, Radeberger Vorstadt
Tel. 0351/652 39 00

Essen & Trinken

Tgl. 11–1 Uhr
S: Waldschlösschen
Ende 1997 eröffnete ›Stadt in der Stadt‹ auf dem Waldschlösschen-Areal oberhalb der Bautzner Straße. Attraktionen sind das Brauhaus-Restaurant mit Terrasse und großem Biergarten (1000 Plätze); schöner Blick auf die Stadt, an Wochenenden ist hier in der Saison kaum ein Platz zu bekommen (hausgebrautes Bier: Sachsens erstes Hefe-Weizen und Waldschlösschen-Dunkel); Suppen ab 3,10, Salate 4–14, Wurstküche 3,40–4,60, Brotzeit 5–9,70, Brauhaus-Klassiker 6,70–13, im Biergarten 0,5 l für 2,70 €, Maß: 4,80 €), das Kino Metropolis (s. S. 71) und das ARTEUM liegen gleich um die Ecke.

Carolaschlösschen (F 6)
Großer Garten
Tel. 0351/250 60 00, Fax 472 72 22
Tgl. ab 11 Uhr
S: Querallee, S-Bahn: Bhf. Strehlen
Eine Dresdner Institution! Die Ausflugsgaststätte in idyllischer Lage am Carolasee wurde bereits 1895 eröffnet, 1945 zerstört und 1999 in neuem Glanz wiedereröffnet: ganz zeitgemäß als Grand Café, Restaurant, Bistro, Cocktailbar und Biergarten in einem. Ob bei Kaffee und Kuchen, sächsischen Spezialitäten oder einem Wein bei Kerzenschein – hier verbinden sich Tradition und Moderne auf angenehme Weise, und bei abendlicher Illumination erlebt der Gast eine zauberhafte Atmosphäre (auch Ruderbootverleih). Hauptgerichte Fisch, Fleisch 5,90–15,90 €.

Gasthof Zschieren (östlich K 7)
Zschierener Elbstraße 9, Zschieren
Tel. 0351/2 02 39 63
Tgl. 11–22 Uhr
Bus: Tronitzer Straße
Bürgerliche Küche zu moderaten Preisen. Die Terrasse, der Biergarten und die Wiese am Elberadweg bieten Wanderern und Radfahrern ein optimales Plätzchen zur Rast. Vorspeisen 2,50–7,80, Hauptgerichte 6,50–10,40, Kuchen oder Eis ca. 3 €.

Feldschlößchen Stammhaus (C 6)
Budapester Straße 32, Südvorstadt
Tel. 0351/471 88 55
Tgl. 11–1 Uhr
Bus: Arbeitsamt
Das unter Denkmalschutz stehende ehemalige Maschinenhaus der Aktienbrauerei Feldschlößchen (1858) ist großzügig und abwechslungsreich gestaltet; Museum zur Brauereigeschichte im Turm. Live-Musik; Biergarten. Hier gibt's Deftiges: z. B. großes Braumeisterschnitzel, kleine Gerichte und Salate 2,80–5, Hauptgerichte 7–12 €.

Kurhaus Kleinzschachwitz (südöstlich K 7)
Berthold-Haupt-Straße 128k
Kleinzschachwitz
Tel. 0351/200 19 96, Fax 200 19 97
www.kurhaus.net
Tgl. ab 11 Uhr
S: Kleinzschachwitz, Bus: Fähre
Das an der Pillnitzer Elbfähre im Grünen gelegene, 1893 eröffnete Haus im Schweizer Stil präsentiert sich als wahres Schmuckstück. Einladend sind Restaurant und Bistro, Terrasse und Biergarten mit Elbblick. In leicht nostalgischer Atmosphäre kann man Kaffeespezialitäten und hausgemachten Kuchen und saisonale bürgerliche Küche genießen, im Herbst Pilz- und Wildwochen, Suppen, Salate, Pasta und kleine Gerichte 3,50–9, Hauptgerichte 7–15 €. Geschmackvolle Gästezimmer. Parkplatz.

Essen & Trinken

Luisenhof (J 4)
Bergbahnstraße 8, Weißer Hirsch
Tel. 0351/214 99 60
Mo–Sa 11–1, So 10–24 Uhr
www.luisenhof.org
S: Plattleite, Bus: Körnerplatz, dann Bergstation der Standseilbahn
Vom ›Balkon Dresdens‹ hat man einen wunderbaren Blick über die Stadt (auch Turmbesteigung). 1895 eröffnet. Benannt ist die traditionsreiche Ausflugsgaststätte nach der Kronprinzessin Luise von Toscana. Nach der Wiedereröffnung im August 1999 glänzt das Café und Restaurant in modernem Design, und bei Live-Musik vom Flügel kann man Kuchen, Eis oder sächsisch-deutsche Küche genießen; So und Fei ab 10 Uhr auch Brunch. Sonntagnachmittags kann es allerdings voll werden (kaum Parkmöglichkeiten in der Nähe). Suppen, Salate 3,20–8, Deftiges 6,90–9,90, Hauptgerichte 9,50–18,50, Vegetarisches 7,80–11,50, Kuchen, Torten 2,10–2,90 €.

PulverTurm (D 4; Sonderkarte Altstadt)
An der Frauenkirche 12, Altstadt
Tel. 0351/26 260-0, Fax 262 60-11
www.pulverturm-dresden.de
Tgl. 11–1 Uhr
S: Synagoge, Pirnaischer Platz
In den historischen Kellergewölben des Coselpalais erwartet den Gast ein originell gestaltetes Restaurant, das um die Reste des Pulverturms von 1565 angelegt wurde, z. B. Russische Stube, Türkisches Gewölbe, Schwedengemächer usw. Sächsische, deutsche und internationale Küche, verlockend bruzzeln Haxen und Spanferkel am Grill; hier stimmen Ambiente, Atmosphäre und Service. Im Sommer auch Tische im Freien. Großes Weindepot. Auch für Gruppen zu empfehlen. Tiefgarage. Suppen 3,50,

Weiße Gasse
Die Weiße Gasse zwischen Wilsdruffer Straße und Kreuzkirche hat sich mit neu eröffneten Restaurants, Cafés und Bistros zu einem praktischen Treff entwickelt (Förster`s, Rauschenbach Deli, Der Fliegende Holländer und Bistro Nr. 3; Gänsedieb, einheimische Küche; Kinh Do, vietnamesisch). Mitten in der Altstadt sitzt man hier am Gänsediebbrunnen (Robert Diez, 1876-80) ganz ohne Autoverkehr – zum Frühstück, tagsüber oder spätabends.

Vorspeisen, kleine Gerichte 4,10–9, Hauptgerichte 11–15, Dessert 4,30 €.

Schillergarten (J 4)
Schillerplatz 9, Blasewitz
Tel. 0351/81 19 90, Fax 811 99 23
www.schillergarten.de
Tgl. 11–1 Uhr
S, Bus: Schillerplatz
Der Schillergarten von 1730 am Blauen Wunder wurde nach den Flutschäden grundlegend saniert. Restaurant (gutbürgerliche Küche) und Café erstrahlen nun wieder in neuem Glanz. Im Biergarten (1000 Plätze) sitzt man angenehm unter Kastanienbäumen mit Blick über die Elbe auf Loschwitz und Wachwitz. Friedrich Schiller war während seines Dresdner Aufenthaltes 1785–87 häufig hier zu Gast. Der Elberadweg führt am Schillergarten vorbei, und hier legen seit 2005 auch die Dampfer der Sächsischen Dampfschifffahrt an. Der Anleger für die großen Kabinenschiffe befindet sich auf der Loschwitzer Seite.

Sophienkeller (D 4; Sonderkarte Altstadt)

Essen & Trinken

Taschenberg 3, Altstadt
Tel. 0351/497 260, Fax 497 26 11
www.sophienkeller-dresden.de
Tgl. 11–1 Uhr
S: Postplatz, Theaterplatz
Lassen Sie sich in die Zeit Augusts des Starken versetzen und genießen Sie sächsische Küche in den abwechslungsreich gestalteten historischen Gewölben des Taschenbergpalais – Erlebnisgastronomie pur. Gut für Gruppen geeignet. Suppen 3,80–6,50, Salate, Häppchen, hausgebackenes Brot 3,50–11,50, Deftiges aus Topf und Pfanne 10–13,50, Dessert 4,50–5 €.

Wirtshaus Lindenschänke (B 2)
Alt-Mickten 1
Mickten
Tel. 0351/859 95 77
Tgl. 11–23 Uhr
S: Scharfenberger Straße
Im alten Dorfkern von Alt-Micken direkt an der Elbe bietet die historische Gaststätte in rustikal gestalteten, gepflegten Räumen gute sächsische und bayerische Küche. Im Sommer sitzt man angenehm schattig im Biergarten bei einem Augustiner-Bräu oder Freiberger Pils mit Blick über die Elbauen. Suppen 4–4,20, Salate, Vorspeisen 5,20–11, Hauptgerichte 9,50–16,50, Fisch 13,50–15,90, Dessert 5,50–6,50 €.

Zum Schießhaus (C 4)
Am Schießhaus 19
Altstadt
Tel. 0351/484 59 90
Tgl. 11–1 Uhr
S: Am Zwingerteich
Die historische Schankwirtschaft befindet sich seit 1768 am heutigen Platz. Die rustikale Freischützstube im Erdgeschoss, Bier- und Weinstube und Albertsaal im Obergeschoss sowie ein Biergarten laden ein zu deftiger sächsisch-deutscher Küche. Hauptgerichte 7–11,50 (Rindsroulade mit Rotkohl 10,40), mittags z. B. Käsespätzle 6,90, So ab 17 Uhr Rippchen-Essen 6,66 €.

Fischhaus (H 2)
Fischhausstraße 14
Radeberger Vorstadt
Tel. 0351/89 91 00
www.fischhaus.de
Mo–Fr 12–24, Sa 11–24, So 11–23 Uhr
Bus: Böhmertstraße
Altes Gasthaus mit Biergarten und ausgezeichneter bürgerliche Küche am Rand der Dresdner Heide. Vorspeisen, Suppen, Salate 3,50–8,30, Hauptgerichte 7,90–15,90, Desserts 1,95–5,10 €.

Biergärten

Siehe auch **Brauhäuser, Ausflugsgaststätten und Traditionslokale**

Augustus Garten – Biergarten am Narrenhäusel (D 4)
Wiesentorstraße 2, Innere Neustadt
Tel. 0351/404 58 54
März–Okt. tgl. ab 11 Uhr
S: Neustädter Markt
Der Biergarten liegt an der Augustusbrücke direkt an den Elbwiesen. Hier von der Neustädter Seite hat man einen wunderbaren Blick über die Elbe auf Brühlsche Terrasse und Frauenkirche.

Biergarten am Hotel Westin Bellevue (D 4)
Große Meißner Straße 15
Innere Neustadt
Tel. 0351/805 18 85
April–Sept. tgl. ab 10 Uhr
S: Neustädter Markt
In den schönen Gartenanlagen am Westin Bellevue sitzt man angenehm und

Essen & Trinken

genießt den berühmten »Canaletto-Blick« über die Elbe auf die barocke Silhouette der Altstadt.

Elbterrasse Wachwitz (K 6)
Altwachwitz 14, Pillnitzer Landstraße, Wachwitz
Tel. 0351/269 610
Tgl. 11–24 Uhr
Bus: Altwachwitz
Historisches Haus (seit 1870) in reizvoller Lage an der Elbe. Hier kann man auf einer Fahrradtour gut eine Pause einlegen (Restaurant: Suppen, 3,50–3,80, Vorspeisen, Zwischengerichte 6,20–10, Regionales 7–12,50, Fisch, Fleisch 10,80–14,80 €. Hotel: 57–98 €). Vorn an der Straße historisches Brunnenhaus.

Fährgarten Johannstadt (F 3)
Käthe-Kollwitz-Ufer 23 b, Johannstadt
Tel. 0351/459 62 62
April–Okt. tgl. 10–1 Uhr
Bus: Gutenbergstraße, S: Diakonissenweg und Elbfähre
Man sitzt unter Eichen an der Elbe (300 Plätze) und genießt Hausmannskost. Der urige Biergarten ist ein praktischer Haltepunkt auf einer Fahrradtour. Mit der Personenfähre kann man zum Neustädter Ufer übersetzen. Kinderspielplatz; eigener Anlegesteg für Sportboote (km 52,4).

Torwirtschaft Großer Garten (E 6)
Lennéstraße 11, Ecke Hauptallee, Äußere Altstadt
Tel. 0351/459 52 02
Biergarten Mo–Fr ab 16, Sa, So, Fei ab 11 Uhr, Restaurant tgl. ab 10, im Winter Di–So ab 11 Uhr
S: Großer Garten
Biergarten mit 750 Plätzen, im Grünen und doch zentral. Abends kann man bei Live-Musik ein großes Speisen- und Getränkeangebot genießen (Sächsisch-Bayrisches). Gute Abstellmöglichkeit für Fahrräder.

Fisch

Fischhaus Alberthafen (B 3)
Magdeburger Straße 58, Schlachthofstraße, Friedrichstadt
Tel. 0351/498 21 10
Mo–Fr 12–15, 18–23.30, Sa 12–24, So 12–22 Uhr
Bus: Friedrichstadt, S: Waltherstraße
Abwechslungsreiches Fischangebot – auch vom Lavasteingrill – in betont maritimen Ambiente, Terrasse mit Blick auf den Alberthafen; Parkplatz. Suppen 3,50–4, Vorspeisen, kleine Gerichte 2,90–8,20, Hauptgerichte 8,50–16, Dessert 3,50–6, Kindergerichte 3,10 €.

Spitzenreiter

Caroussel (D 4)
Im Hotel Bülow Residenz, Rähnitzgasse 19, Innere Neustadt
Tel. 0351/800 30
Tgl. 12–14.30, 18.30–22 Uhr
S: Neustädter Markt, Palaisplatz
In stilvollem Ambiente lassen sich die Küchenkreationen von Chefkoch Dirk Schröer genießen. Dabei wird man vom aufmerksamen Personal bestens betreut. Internationale und sächsische Küche. Suppen 16, Vorspeisen 15–28, Zwischengerichte 28, Fisch, Fleisch 30–38, Dessert 16–18 €.

Intermezzo (D 4; Sonderkarte Altstadt)
Taschenberg 3, Altstadt
Tel. 0351/491 27 12
Tgl. 12–15 und 18–24 Uhr

Essen & Trinken

S: Postplatz, Theaterplatz
Im luxuriösen Ambiente des Kempinski Taschenbergpalais erwartet den Gast leichte internationale, mediterrane und deutsche Küche, im Sommer auch im schönen Innenhof. Sonntags Brunch mit Live-Musik, Gerichte 12–28, Menüs abends 45–65 €.

Ristorante Rossini (D 4; Sonderkarte Altstadt)

An der Frauenkirche, im Hilton Dresden Altstadt
Tel. 0351/864 28 55
Tgl. 18–23.30 Uhr
S: Altmarkt
Gilt als erste Adresse für's Italienische in Dresden: gehobene Küchenkunst mit Blick auf die Frauenkirche. Suppen 7–8,50, Pasta 8,90–16,90, Fisch 19,90–26,50, Fleisch 19,90–28,90, 5-Gang-Menü 55 €.

Klassiker

Kö 5 (D 3)

Königstraße 5 a, Innere Neustadt
Tel. 0351/802 40 88
Tgl. ab 11.30 Uhr
S: Palaisplatz
Für den Genießer, der gutbürgerlich verfeinerte Küche und anspruchsvolle Atmosphäre sucht, der richtige Platz. Gediegene Räume in barocker Bausubstanz (Lippertsches Haus, 1739), Bistro, Weinkeller im historischen Sandsteingewölbe und romantischer Innenhof. Suppen, Salate 3,50–7,50, Hauptgerichte 10–17,50 (Sächsischer Sauerbraten, Apfelrotkohl, hausgemachte Kartoffelklöße 9,70 €), Dessert 4,50 €.

Restaurant Schloss Eckberg (H 3)

Bautzner Str. 134, Radeberger Vorstadt
Tel. 0351/809 90
www.schloss-eckberg.de
Tgl. 6.30–0, 6.30–10.30 Uhr Frühstückskarte, 11.30–14 Uhr Mittagskarte, ab 17.30 Uhr Abendkarte
S: Schloss Albrechtsburg
Das prächtige Schloss ließ sich der Kaufmann Johann Souchay 1859 im Tudorstil erbauen. Gartensaal, Wintergarten und die Terrasse am Weinberg bieten einen Blick über das Elbtal. Die ausgefallene, mediterran inspirierte Küche verwendet regionale Produkte, auf den Service wird großen Wert gelegt. Parkplätze am Anfang des Parkes. Suppen, Vorspeisen 8–13, Hauptgerichte 20–23, Desserts 8–13, Mittagsmenü 22,50 €.

Weltweit

Ausonia (D 3)

Königstraße 9, Innere Neustadt
Tel. 0351/803 31 25
Tgl. 11.30–24 Uhr
S: Palaisplatz, Albertplatz
Ristorante mit geschmack- und fantasievoller Einrichtung und grünem Innenhof inmitten des Barockviertels. Suppen, Antipasti 4,50–9,50, Salate 4–8, Pasta 6,80–9, Pizza 6,50–9,50, Fisch, Fleisch 13,50–18, Dessert 3,50–6,50 €.

Ayers Rock (D 4; Sonderkarte Altstadt)

Münzgasse 8, Altstadt
Tel. 0351/490 11 88
Tgl. 11–3 Uhr
S: Altmarkt
Hier sitzt man entspannt in der belebten Münzgasse und kann – ganz exotisch – Strauß- und Känguruh-Steak bestellen, aber auch deutsche Küche. Fr, Sa ab 21 Uhr Live-Musik. Suppen, Vorspeisen 3,20–8,50, Pasta 8,40–12,70, Fisch 11,50–12,90, Crêpes 5,90–7,20 €.

Essen & Trinken

Cap Merlot (D 3)
Wallgässchen 2a
Innere Neustadt
Tel. 0351/656 86 68
www.CapMerlot.de
Mo–Sa 17–1 Uhr, Küche bis 23 Uhr
S: Palaisplatz
Frische, variationsreiche mediterrane Kreationen werden in der offenen Küche zubereitet (angeboten in *piccolo* und *grande*). Im schicken bordeauxroten Ambiente lässt es sich angenehm essen und trinken. Ein kulinarischer Treff zum Wohlfühlen und Genießen.

Cuchi Restaurant (D 3)
Wallgässchen 5, Innere Neustadt
Tel. 0351/862 75 80
www.cuchi-dresden.de
Juni–Okt. tgl. 12–24 Uhr, Nov.–Mai Mo–Do 12–15, 17.30–24, Fr–So 12–24 Uhr
S: Palaisplatz
Sushi klassisch und in vielen Variationen; japanische, vietnamesische, thailändische und chinesische Küche sowie Teppan-Grill-Gerichte werden hier in der Prisco-Passage serviert. Helles, modernes Ambiente mit Sushi-Bar, besonders angenehm sitzt man im Sommer auf der schönen Terrasse (beheizt). Suppen 2–3,60, kleine Gerichte 3,90–5,90, Spezial 6,90–15,90, Sushi 2,50–9,50, Teppan-Grill-Gerichte 12,90–19,90, So Büffett 10 €.

El Español (D 3)
An der Dreikönigskirche 7
Innere Neustadt
Tel. 0351/804 86 70
Tgl. 11–1 Uhr, Fr und Sa bis 2 Uhr
S: Palaisplatz, Albertplatz
Stilvoll-südländisch gestaltetes Restaurant; montags ist Paëlla-Tag. Cocktails nimmt man an der Tapa-Bar (Happy Hour 17–20 und ab 23 Uhr). Paëlla, Tortillas, Fleisch 10–15, Mittagstisch bis 17 Uhr 6,40–7,50, Dessert 3,10–3,50 €.

El Perro Borracho (E 3)
Alaunstraße 70
Äußere Neustadt
Tel. 0351/803 67 23
www.elperro.de
Mo ab 16, Di–Fr ab 11.30, Sa, So ab 10 Uhr
S: Görlitzer Straße, Alaunplatz, Louisenstraße
Spanische Kneipe im Kunsthof (mit Malerei und Keramik in mediterraner Leichtigkeit von Viola Schöpe gestaltet), Tapa-Bar im Keller. Mo und Di wird hier im Sommer ein spanisches Programm geboten: Flamenco, Gitarrenmusik. Tapas 3, Salate, kalte Platten 5–7, Tortillas 5, Reispfannen/Arrozes 8–12, Fisch und Meeresfrüchte 7–17, Dessert 3–4 €.

Neustädter Markthalle

Flanieren, Genießen und Einkaufen ist hier Programm. In der 1899 in Stahlkonstruktion mit Sandsteinmauerwerk errichteten und im Jahre 2000 aufwändig rekonstruierten Neustädter Markthalle an der Hauptstraße kann man im architektonischen Glanz der Gründerzeit preiswerte asiatische, orientalische, russische, ungarische und sächsische Imbisse genießen, Obst, Gemüse und Backwaren einkaufen, ebenso finden sich Weinkontor, Käsekeller und sogar ein Spezialgeschäft für Holzspielzeug (Tel. 0351/810 54 45, Mo–Fr 8–20, Sa 8–18 Uhr, www.markthalle-dresden.de).

Essen & Trinken

Italienische Küche in ländlicher Umgebung: Villa Marie an der Elbe

Kahnaletto (D 4; Sonderkarte Altstadt)
Am Terrassenufer, Altstadt
Tel. 0351/495 30 37
www.kahnaletto.de
Tgl. 12–15 und 18–24 Uhr, Bar Di–So 18–1 Uhr
S: Theaterplatz
Feine italienische Küche auf dem Theaterkahn unterhalb der Augustusbrücke: Pasta, Fisch und Meeresfrüchte, täglich wechselnde Speisekarte, entsprechende Weinauswahl (gehobene Preisklasse). Sehr praktisch und empfehlenswert mittags oder vor oder nach einer unterhaltsamen Aufführung im Bauch des ehemaligen Frachtkahns (s. S. 70). Kleines Mittagsmenü ab 10 €.

La Casina Rosa (E 2)
Alaunstraße 93, Äußere Neustadt
Tel. 0351/801 48 48
Mo 17.30–23.30, Di–Fr 11.45–14.30, 17.30–23.30, Sa 17.30–23.30 Uhr
S: Alaunplatz
Beim gebürtigen Neapolitaner Antonio Sensale ist die Atmosphäre herzlich, man genießt frische italienische Küche; wechselnde Tageskarte. Die Tische sind eng gestellt. Mit Weinstube ›Piccola Capri‹. Antipasti 7,50–12,50, Suppen 3,50–7, Salate 4–8, Pasta 6,50–8,50, Pizza 6–7,50 Dessert 3,50–4 €.

Maximus (C 4)
Maxstraße 4, Altstadt
Tel. 0351/810 41 00
So–Do 11–24, Fr, Sa 11–1, So 12–1 Uhr
www.maximus-dresden.de
S, Bus: Maxstraße, Haus der Presse
Der beliebte Klassiker befindet sich seit 2005 neugestaltet im art'forum. So 10–14 Uhr Brunch mit internationalen und italienischen Spezialitäten für 10 €, Suppen, Salate 3,90–6,80, Vorspeisen 3,90–9, Pizza 5,50–8,50, Pasta 5,80–8,50, Hauptgerichte 13,50–15,30 €.

Ogura (D 4; Sonderkarte Altstadt)
Im Hilton Dresden (erster Stock), an der Frauenkirche, Altstadt
Tel. 0351/864 29 75
Tgl. 12–14, 17.30–22 Uhr
S: Altmarkt
Wie die meisten japanischen Restaurants nicht billig. Yukio Ogura wirkte

Essen & Trinken

vorher in Paris, Tokio und Moskau. Empfehlenswert der Mittagstisch für 11–13, Sushi und Sashimi 15–25 €. Doch keine Angst, es gibt mehr als nur rohen Fisch: à la carte-Gerichte 16–26, 5-Gang-Menü 40 €.

Villa Marie (J 4)
Fährgässchen 1, Blasewitz
Tel. 0351/31 54 40, www.villa-marie.de
Tgl. 11.30–1 Uhr
S, Bus: Schillerplatz
Gehobene italienische Küche in einer Villa im toskanischen Landhausstil. An den Elbwiesen unterhalb der Brücke Blaues Wunder und des Café Toscana. Große Weinkarte, So und Fei ab 10 Uhr Brunch. Der beliebte Treff hat eine romantische Gartenterrasse, Bar und Turmzimmer. Parkplätze in der Nähe sind Mangelware. Salate 4,30–10, Antipasti, Zwischengerichte 4,50–10, Fisch, Fleisch 14,40–18 € (z. B. Lammrücken aus dem Ofen, mit Rosmarin gebraten)

Wenzel-Prager Bierstuben (D 3)
Königstraße 1, Innere Neustadt
Tel. 0351/804 20 10
www.wenzel-prager-bierstuben.de
Tgl. 11–24 Uhr
S: Palaisplatz
Böhmische Gaststätte mit Gewölben und zum glasüberdachten Innenhof hin geöffnet. Die Einrichtung ist rustikal, und ebenso sind es die Speisen. Suppen 3–3,60, Salate, kleine Gerichte 3,70–8 (z. B. Gefüllte Knödel mit Sauerkraut 7,10), Hauptgerichte 6–12, Dessert 3,70 €. Im Ausschank u. a. böhmische bzw. Prager Biere Staropramen, Branik.

Vegetarisch

Ladencafé aha (D5; Sonderkarte Altstadt)
Kreuzstraße 7, Altstadt
Tel. 0351/496 06 73
Tgl. 10–24 Uhr, Laden Mo–Fr 10–19, Sa 10–18 Uhr
S: Altmarkt
Angenehmer Ruhepunkt im Café und Dritte-Welt-Laden schräg gegenüber der Kreuzkirche. Vegetarische Speisen, Öko-Produkte, viele Tee- und Kaffeesorten (aus dem fairen Handel). Auch Kinder fühlen sich hier wohl. Suppen, Salate 2,90–6, Hauptgerichte 3,90–8,90 (z. B. Spinat- oder Champignon-Lasagne), Dessert 2,70–3 €.

Suppenbar (E 3)
Rothenburger Straße 37
Äußere Neustadt
Tel. 0351/810 71 30
Mo–Fr 11.30–22, Sa 11.30–16 Uhr
S: Görlitzer Straße
Ob klassisch (Kartoffelsuppe mit Würstchen), deftig, mediterran, exotisch oder süß – alle Suppenkrationen sind frisch zubereitet und schmackhaft; wechselnde Wochenkarte. 2,80–4,80 €.

Zum Kartoffelkeller (D 3)
Nieritzstraße 11, Eingang Hotel Martha Hospiz, Innere Neustadt
Tel. 0351/817 63 58
www.wok.de
Tgl. 17–1 Uhr
S: Bhf. Neustadt, Palaisplatz, Albertplatz
In urig ausgebauten Kellergewölben mit Großmutters Küchenutensilien gibt es originelle Kartoffelgerichte – sehr schmackhaft, abwechslungsreich und preisgünstig. Einfach 3,50–5,80, etwas Aufwändigeres 6,50–9,90 €.

Cafés & Bistros

Barococo (D 5)
Altmarkt 10, Altstadt

Essen & Trinken

Tel. 0351/862 30 40
Tgl. 8–1 Uhr
S: Altmarkt
Ganz zentral sitzt man im stilvollen und großzügigen Café (oft Tanz) oder auf der Terrasse an der belebten Ecke Seestraße/Altmarkt und genießt Kaffee und hausgemachte Kuchen. Salate 3,60–9,80, Suppen, Vorspeisen 3–7,80, Vegetarisches 7,20–8,50, Fisch, Fleisch, 8,70–13,60 €. Restaurant in der oberen Etage sowie Königskeller.

Café Borowski (D 5)
Prager Straße 8a, Altstadt
Tel. 0351/490 64 11
Tgl. 9–1 Uhr
S: Walpurgisstraße, Prager Straße
Das Café in luftiger Höhe ist ein praktisches Plätzchen nach einem Einkaufsbummel. Im Sommer kann man auf der vorkragenden Terrasse dem Treiben in der Shoppingmeile Prager Straße zuschauen. Außer Kaffee und Kuchen gibt's auch Snacks und kleine Gerichte (4–9,50 €).

Café Schinkelwache (D 4)
Am Theaterplatz 2, Altstadt
Tel. 0351/490 39 09
Tgl. 10–24 Uhr
S: Theaterplatz
Praktischer Anlaufpunkt in der Altstädter Wache (s. S. 83). Aufgrund der zentralen Lage ist es hier immer voll; stimmungsvoll eingerichtet, mit alten Porträts und Stadtansichten; Terrasse mit Blick auf die Semperoper. Suppen 3,70, kleine Gerichte 5,90–8,20, Fisch, Fleisch 9,90–13 €.

Café Toscana (J 4)
Schillerplatz 7, Blasewitz
Tel. 0351/310 07 44
Mo–Sa 9–19, So 11–19 Uhr
S, Bus: Schillerplatz
Zu Recht allseits gerühmte Konditorei; auch Mittagskarte mit preiswerten Gerichten; direkt am Blauen Wunder (s. S. 83). Von Konditor Hugo Zimmermann um die Wende vom 19. zum 20. Jh. nach Luise von Toscana, Kronprinzessin am Dresdner Hof, benannt. Wie wär's mit Wiener Prater-Torte, Rumtrüffeltorte oder Toscanatorte? Salate, Suppen, kleine Gerichte 2,30–5,50, große Frühstückskarte 3–5,95 €.

Café zur Frauenkirche (D 4)
An der Frauenkirche, Ecke Münzgasse, Altstadt
Tel. 0351/498 98 36
Tgl. 9–2 Uhr
S: Altmarkt, Pirnaischer Platz
Café, Brasserie und Restaurant in einem: Zentraler Treff direkt an der Frauenkirche. Neben Kuchen auch Salate 6,50–13,10 €, Fisch 8,80–12,90 €, aus Topf und Pfanne (Krautwickel, gebratene Lammkoteletts, original Dresdner Sauerbraten mit Rotkohl und Klößen) 8,30–15 €.

Grand Café Coselpalais (D 4)
An der Frauenkirche 12, Altstadt
Tel. 0351/496 24 44
Mo–Sa 10–1, So 10–0 Uhr
S: Altmarkt, Pirnaischer Platz
Ein wirklich großzügiges und elegantes Café im historisch getreu wieder errichteten barocken Coselpalais, sehr schöne Terrasse im Ehrenhof zwischen den beiden Flügelbauten. Hausgemachte Torten, Eis und Kaffeespezialitäten, große Karte mit deutsch-französischer Küche, Pasta, Salate 6,50–10, Hauptgerichte 9–15 €. Sa und So 13–17 Uhr Kafeehausmusik.

Italienisches Dörfchen (D 4)
Theaterplatz 3, Altstadt
Tel. 0351/49 81 60

Essen & Trinken

Für eine geruhsame Pause am Altmarkt: Konditorei Kreutzkamm

www.italienisches-doerfchen.de
Tgl. ab 10 Uhr
S: Theaterplatz
Im großen, eleganten *Caffee* des Erlweinbaus (s. S. 87), umgeben von Säulen und Kristalllüstern, Stuck und Wandmalereien, fällt die Auswahl aus den Köstlichkeiten der hauseigenen Pâtisserie schwer. Außerdem: Ristorante Bellotto, Kurfürstenzimmer, Weinzimmer, Biersaal; im Sommer Terrasse zur Elbe (allerdings laut).

Kaffee Wippler (J 4)
Körnerplatz 2, Loschwitz
Tel. 0351/269 80 40
Mo–Sa 6–19, So 8–19 Uhr
Bus: Körnerplatz
Im Eckhaus sitzt man angenehm und ganz zentral am viel befahrenen Körnerplatz (Bus hält direkt vor der Tür) und gleichzeitig an der Friedrich-Wieck-Straße (Fachwerkambiente). Gegenüber geht es mit der Standseilbahn zum Luisenhof. Frische Backwaren, kleine Gerichte und hausgemachtes Eis.

Konditorei Kreutzkamm (D 5)
Seestraße 6
Altstadt
Tel. 0351/495 41 72
Mo–Sa 9–19, So 12–18 Uhr
S: Altmarkt
Traditionsreiche Konditorei (1825 in Dresden gegründet, Haupthaus heute in München) an der Altmarktwestseite. Klein und gemütlich, sehr beliebt. Spezialität ist Baumkuchen (auch Versand, ebenso von Christstollen). Im Sommer kann man auch draußen unter den Arkaden sitzen.

Schwarzmarkt Café (D 3)
Hauptstraße 36, Innere Neustadt
Tel. 0351/801 08 33
Tgl. 8–24 Uhr
S: Albertplatz, Neustädter Markt
Modern gestaltetes Café mit lockerer Atmosphäre, große Fensterfronten geben viel Licht, auch auf der Terrasse sitzt man angenehm, Kuchen und Marmeladen sind hausgemacht und Frühstück gibt es bis 16 Uhr.

Einkaufen

Tafelgeschirr, Vasen und Figuren – Dresdner Porzellan für Liebhaber

Eine breite Palette von Einkaufsmöglichkeiten bietet in der **Altstadt** die Fußgängerzone Prager Straße zwischen Hauptbahnhof und Dr.-Külz-Ring mit vielen Geschäften und Kaufhäusern sowie den Läden der Ferdinandstraße, im Ferdinandshof und Florentinum. Auch die Arkaden des Altmarkts, die neue Altmarkt-Galerie, die Seestraße und die Wilsdruffer Straße wollen durchstreift sein.

Mit der neu gestalteten Nobelmeile Königstraße im Barockviertel **Innere Neustadt** kann Dresden etwas Besonderes bieten. Mit den anschließenden Passagen, der Prisco-Passage, der Rähnitzgasse, dem Obergraben, der Heinrichstraße und auch dem grünen Fußgängerboulevard Hauptstraße mit den Kunsthandwerkerpassagen und der 1899 erbauten Neustädter Markthalle hat sich hier ein vielseitiges Einkaufsviertel für den gehobenen Bedarf entwickelt.

In der **Äußeren Neustadt** findet man Preiswertes und Ausgefallenes, aber auch Secondhand, Schräges und Schrilles (Alaunstraße, Böhmische Straße, Rothenburger Straße, Bautzner Straße, Louisenstraße, Königsbrücker Straße und Bischofsweg). Besonders einladend ist die Kunsthofpassage mit ihren phantasievoll gestalteten Innenhöfen (Eingänge Görlitzer Straße 21–25 und Alaunstraße 70).

Luxus- und Markenartikel findet man vor allem in den Geschäften im Taschenbergpalais, im Westin Bellevue, im Hilton Dresden und im Haus am Zwinger in der Kleinen Brüdergasse.

Rund um den Körnerplatz und in der Friedrich-Wieck-Straße in **Loschwitz** laden Kunstgalerien, Schmuck- und Keramikgeschäfte sowie eine Buchhandlung in fast ländlicher Atmosphäre zum entspannenden Besuch ein.

Treffpunkt Galerie Frauenkirche

Im Treffpunkt Galerie Frauenkirche am Georg-Treu-Platz (hinter dem Coselpalais) gibt es Souvenirs aller Art, die dem Wiederaufbau des Dresdner Wahrzeichens dienen (Frauenkirche-Uhr, Münzen, Schmuck, Videos, CDs). Unbedingt vorbeischauen!
Mo–Fr 10–18, Jan./Feb. bis 17, Sa, So 10–17 Uhr. www.frauenkirche-dresden.com

Antiquitäten

Antiquitäten am Goldenen Reiter (D 4)

Einkaufen

Hauptstraße 19, Innere Neustadt
Mo–Fr 9.30–19, Sa 9.30–16 Uhr
S: Neustädter Markt
Meissner Porzellan, Gläser, Möbel.

Kunsthandlung Dresdensia (D 3)
Königstraße 5, Innere Neustadt
Do, Fr 13–18, Sa 10–15 Uhr
S: Palaisplatz
Sächsische und Dresdner Kunst, besonders des 19. und Beginn des 20. Jh.; Begutachtungen.

Kunsthandlung Kühne (K 3)
Plattleite 68/Ecke Bautzner Landstraße, gegenüber Parkhotel, Weißer Hirsch
Mo–Fr 10–18, Sa 10–13 Uhr
S: Plattleite
Gemälde, Grafik und Skulpturen Dresdner Künstler (20. Jh.); Antiquitäten und Porzellan, Barock- und Biedermeiermöbel.

Weitere Antiquitätenläden findet man z. B. an der Bautzner Straße, Höhe Albertplatz.

Bücher, CDs & Schallplatten

Antiquariat Thomas Schmidt (J 4)
Körnerplatz 11, Loschwitz
Mo–Fr 10–19, Sa 11–14 Uhr
S: Neustädter Markt
Wie wär's mit einem kleinen Mitbringsel – ein Bändchen aus der besonders gut vertretenen Insel-Bücherei; Kinderbücher, alte Ansichtskarten.

Buchhandlung lesensart (F 7)
Altstrehlen 3–5, Strehlen
Tgl. 9–18.30, Sa 9–12 Uhr
S: Wasaplatz

> **Mitbringsel**
>
> Typisch für die Region sind Holzschnitzereien aus dem Erzgebirge, Plauener Spitzen, Lausitzer Blaudruckarbeiten und natürlich Meissner wie Dresdner Porzellan, die Elbtalweine, Dresdner Christstollen, Baumkuchen und Pulsnitzer Pfefferkuchen.

Im wiedererstandenen Gutshof Altstrehlen führt Dr. Frank-Ulrich Harzmann Belletristik sowie Geisteswissenschaften, Reiseführer, Kinderbücher und organisiert Lesungen.

Dresdener Antiquariat (D 5)
Wilsdruffer Straße 14, Altstadt
Mo–Fr 10–20, Sa 10–16 Uhr
S: Altmarkt
Hier findet man ein Riesenangebot zu den Themen Kunstgeschichte, Belletristik einschließlich DDR-Literatur, Musik, Philosophie, Naturwissenschaften sowie Dresdensia.

Haus des Buches (D 5)
Dr.-Külz-Ring 12, Altstadt
Mo–Fr 9.30–20, Sa 9.30–18 Uhr
S: Prager Straße
Das im Oktober 1999 neu eröffnete Buchkaufhaus, das größte seiner Art in den neuen Bundesländern, bietet am Beginn der Fußgängerzone Prager Straße in einem schiffsförmigen Gebäude auf fünf Ebenen 100 000 Artikel (Bücher, Zeitschriften, CDs, Videos), außerdem eine Podiumsbühne und das Literatur-Café ›Novelle‹.

ib das internationale buch (D 5)
Altmarkt 25, Altstadt
Mo–Fr 9.30–20, Sa 9.30–18 Uhr
S: Altmarkt

Einkaufen

Altmarkt Galerie

Über 100 Fachgeschäfte aller Sparten auf drei Ebenen im modernen Einkaufs- und Erlebniskomplex zwischen Altmarkt, Dr.-Külz-Ring und Wallstraße bieten nun auch in Dresden zeitgemäßes Großstadtflair. Bei schönem Wetter kann man auch angenehm im großen Innenhof zur Altmarktseite sitzen.

In zentraler Lage in den Altmarkt-Arkaden findet man im neu gestalteten, einladenden Ambiente auf drei Ebenen fremdsprachige Literatur, Hörbücher und Videos, Lexika, Reiseführer, Atlanten, aber auch Regionalia, Kinderbücher und Geschenkideen.

Lese Zeichen (F 3)
Prießnitzstraße 56
Äußere Neustadt
Mo–Fr 10–19, Sa 11–16 Uhr
S: Pulsnitzer Straße, Diakonissenweg, Alaunplatz
Jörg Scholz-Nollau führt Lyrik, Belletristik und englischsprachige Literatur; er veranstaltet Lesungen und Ausstellungen.

Opus 61 (D 5)
Wallstraße 17–19
Altstadt
www.opus61.de
Mo–Fr 10–20, Sa 10–18 Uhr
S: Webergasse, Prager Straße
Fachgeschäft für Klassik und Jazz (CD, SACD, DVD, Video, Vinyl).

Presse und Buch (D 3)
Im Bahnhof Dresden-Neustadt
Tgl. 5–22 Uhr
S: Bahnhof Dresden-Neustadt
Modern und übersichtlich gestalteter Laden. Zeitschriften, Reiseführer, großes Dresden-Angebot.

Buchhandlung C. L. Ungelenk Nachf. (D 5)
Kreuzstraße 7, Altstadt
Mo–Fr 9–18.30, Sa 10–16 Uhr
S: Altmarkt
Seit 1887 in Dresden; christlich ausgerichtet, Belletristik, Zeitgeschichte, Saxonia, Kinderbücher, Lyrik; Theologie, Religion, Judaika.

Drop out Records (E 3)
Alaunstraße 43, Äußere Neustadt
Mo–Fr 11–20, Sa 11–15 Uhr
S: Albertplatz, Görlitzer Straße
Von Reggae bis Ska eine breite Auswahl an Vinyl.

Zentralohrgan (E 3)
Louisenstraße 22
Äußere Neustadt
Mo–Fr 11–20, Sa 10–14 Uhr
S: Albertplatz
Große Auswahl an Schallplatten und CDs. Secondhand- und Ostrock-Abteilung.

Feinkost & Wein

Pfunds Molkerei (E 3)
Bautzner Straße 79
Äußere Neustadt
Mo–Sa 10–18, So, Fei 10–15 Uhr
www.pfunds.de
S: Pulsnitzer Straße
Der ›schönste Milchladen der Welt‹ (laut Guinness-Buch der Rekorde) von 1892, prächtig mit farbigen Majolikafliesen der Firma Villeroy & Boch geschmückt, wurde nach der politischen Wende aufs Feinste wieder hergerichtet. Wände und Decken sind in fantasievollen Jugendstilformen gestaltet.

Einkaufen

110 Käsesorten, Elbtal-Weine, Probierraum; im ersten Stock Café/Gaststätte.

Weinkontor (D 5)
Altmarkt Galerie, Altstadt
Mo–Sa 9.30–20 Uhr
S: Altmarkt, Prager Straße
Ein Raritätenkeller in einer archäologischen Grabungsstätte – einzigartig in Europa. Im Untergrund der Altmarkt Galerie beeindrucken die Plänergewölbe (kalkhaltiger, schieferartiger Stein) eines Kaufmannshauses aus dem 14. Jh. Weinhandlung mit über tausend edlen Rebsäften aus fünf Kontinenten sowie Cognacs und Whiskys. Hier lohnt sich ein Besuch.

Weinkontor Markthalle (D 3)
Metzer Straße 1
Innere Neustadt
Mo–Fr 9–20, Sa 9–18 Uhr
www.weinkontor.de
S: Albertplatz, Neustädter Markt
Elbtalweine und Weine der Saale-Unstrut-Region, der beiden nördlichsten Weinanbaugebiete in Deutschland, außerdem italienische, französische und Weine aus Übersee, Sekt, Spirituosen, Grappa, großes Whisky-Sortiment, Zigarren und mediterrane Feinkost, auch Gläser und Accessoires.

Flohmärkte & Märkte

Trödelmarkt an der Albertbrücke (E 4)
Johannstadt
Mai–Okt. Sa 7–14 Uhr
S: Sachsenallee, Bus: Bönischplatz
Am Elbufer lohnt sich bei schönem Wetter eine samstägliche Trödeltour.

Sachsenmarkt (E 5)
Lingnerallee
Seevorstadt/Großer Garten
Jeden Fr 8–17 Uhr
S: Großer Garten
Auf dem größten Dresdner Wochenmarkt bieten regionale Erzeuger ihre Produkte an: Käse, Wurst, Backwaren, Blumen, Obst und Gemüse, Korbwaren und sonstige nützliche Dinge.

Freizeit & Fitness

Globetrotter (C 5)
Im World Trade Center, Freiberger Straße 39/Ecke Ammonstraße
Altstadt
www.globetrotter.de
Mo–Fr 10–20, Sa 9–20 Uhr
S: Freiberger Straße
Spezialist für Expeditionen, Safaris, Survival- und Trekking-Ausstattung. Wander- und Radführer, Karten.

Galerien

Ausstellungskalender erscheint vierteljährlich.
www.dresden.de/ausstellungen

Galerie Döbele (H 5)
Pohlandstraße 19
Striesen
www.galerie-doebele.de
Di–Fr 13–19, Sa 11–17 Uhr
Bus: Dornblüthstraße, S: Pohlandplatz
Hedwig Döbele vertritt die klassische Moderne, etwa Wilhelm Rudolph, Josef Hegenbarth, Max Ackermann, Adolf Hoelzel, Conrad Westpfahl, Ernst Hassebrauk und Eugen Batz.

Galerie Hieronymus (J 4)
Friedrich-Wieck-Straße 11, Loschwitz
www.galerie-hieronymus.de
Mi, Fr 13–18, Do 14–19,

Einkaufen

Sa 11–14 Uhr
Bus: Körnerplatz
Angelika Makolies zeigt Gegenwartskunst in einem Fachwerkbau in fast dörflichem Umfeld (Lepke, Stötzer, Uhlig, Penck, Strawalde).

Galerie Christoff Horschik (D 4)
Rähnitzgasse 22
Innere Neustadt
Mi, Fr 12–19, Do 12–21,
Sa 10–15 Uhr
S: Neustädter Markt
Gegenwartskunst; Künstler der Galerie: A. R. Penck, Amador, G. Baselitz, H. Leiber, M Lüpertz, J. Immendorf, W. A. Scheffler, Max Uhlig u. a.

Galerie Mitte (F 5)
Striesener Straße 49, Striesen
www.galerie-mitte.de
Di–Fr 14–19 Uhr, Sa 10–14 Uhr
S: Fetscherplatz
Karin Weber vertritt zeitgenössische Kunst, z. B. Wieland Richter, Gerda Lepke, Angela Hampel und Hubertus Giebe, vor allem auch Dresdner Künstler.

Galerie Brigitte Utz (D 4)
Rähnitzgasse 17, Innere Neustadt
www.galerie-brigitte-utz.de
Mi–Fr 13–19 Uhr
S: Neustädter Markt, Palaisplatz
Malerei, Zeichnungen und Plastik der Gegenwart.

Galerie Gebr. Lehmann (E 3)
Görlitzer Straße 16 (Hinterhof)
Äußere Neustadt
www.galerie-gebr-lehmann.de
Di–Fr 10–13, 15–18, Sa 11–14 Uhr

Einkaufen

S: Görlitzer Straße
Die Galeristen entdecken regelmäßig vielversprechende junge Künstler. Eberhard Havekost, Frank Nitsche und Markus Draper sind bei ihnen groß geworden.

Kunst Haus Dresden (D 4)
Rähnitzgasse 8, Innere Neustadt
www.kunsthausdresden.de
Di–Fr 14–19, Sa, So 12–20 Uhr
S: Neustädter Markt, Palaisplatz
Die Städtische Galerie für Gegenwartskunst zeigt Zeitgenössisches aus Sachsen in einem schönen Barockhaus mit Innenhof.

Kunstausstellung Kühl (F 2)
Nordstraße 5, Äußere Neustadt
Di 14–18, Mi, Do 10–12, 14–18, Fr 10–12, 14–19, Sa 10–13 Uhr
S: Nordstraße
1924 von Heinrich Kühl in Dresden gegründet, bot die Galerie im Dritten Reich auch diskriminierten und als ›entartet‹ eingestuften Künstlern wie Barlach, Dix, Hofer, Querner, Lachnit u. a. weiter Ausstellungsmöglichkeiten; während der DDR-Zeit war sie die einzige privat geführte Galerie. In dritter Generation zeigt heute Sophia-Therese Schmidt-Kühl Malerei, Grafik und Plastik der Klassischen Moderne und von Dresdner Künstlern.

Kaufhäuser

Karstadt (D 5)
Prager Straße 12, Altstadt
www.karstadt.de
Mo–Sa 9.30–20 Uhr
S: Prager Straße, Walpurgisstraße
Modernes Haus mit breitem Angebot; im Dezember im Untergeschoss Weihnachtsmarkt mit Erzgebirgsarbeiten, im 5. Stock Selbstbedienungsrestaurant (empfehlenswert) und Restaurant ›Ambiente‹ (mit Terrasse) sowie anspruchsvolles Programm ›Kultur bei Karstadt‹. Meissener Porzellan, große Buchabteilung. Im Untergeschoss Gourmet-Treff mit großer Weinabteilung sowie Feinkost und Käse.

Kunsthandwerk, Design & Porzellan

Art+Form (E 3)
Bautzner Straße 11, Äußere Neustadt
Mo–Fr 10–20, Sa 10–18 Uhr
S: Albertplatz, Bautzner/Rothenburger Straße

**Wohn- und Geschenkideen mit Stil:
Jo+Co Wohnaccessoires**

Einkaufen

> ## Kunsthandwerk in allen Variationen
>
> Die **Dresdner Kunsthandwerkerpassagen** in den restaurierten Barockhäusern Hauptstraße 9–19 in der Inneren Neustadt laden zum Kaufen und Flanieren in stilvollem Ambiente ein: Glas- und Töpferwerkstatt, Antiquitäten, Lederwaren, Goldschmiede, Zinngießerei, Wohnaccessoires, Zwiebelmusterporzellan u. a. Zugänge auch vom Obergraben und vom Societaetstheater. Mo–Fr 10–19, Sa 10–16 Uhr.

Hier findet man ein Riesenangebot an Originalgrafik und Originalfotografie, Papierwaren, Drucke, Poster, Kunst- und Postkarten, Kalender. Mit Galerie und Rahmenwerkstatt.

Catapult (E 3)
Rothenburger Straße 28
Äußere Neustadt
Mo–Fr 10–20, Sa 10–16 Uhr
S: Bautzner/Rothenburger Straße, Görlitzer Straße
Auch wer gar keine Idee haben sollte, der findet hier mitten im Szeneviertel garantiert ein phantasievolles Geschenk oder witziges Mitbringsel; DDR-Nostalgie-Ecke.

Dresdner Porzellan (D 4)
Hauptstraße 17, Innere Neustadt
Mo–Fr 11–19, Sa 10–16 Uhr
S: Neustädter Markt, Albertplatz
Laden der Sächsischen Porzellanmanufaktur Dresden (Freital, s. S. 103).

Feng Shui-Haus Dresden (E 3)
Görlitzer Straße 21, Äußere Neustadt
Mo–Fr 11–20, Sa 10–18, So 13–18 Uhr
S: Görlitzer Straße
Anregendes Ambiente in der Kunsthofpassage: Geschenke, Spielzeug aus Holz, Seifenland; auch Lesungen und Vorträge. Mit Beduinen-Teestube.

Galerie F (D 3)
Obergraben 10, Innere Neustadt
Mo 10–14, Di–Fr 11–14, 15–18, Sa 10–14 Uhr
S: Palaisplatz
Im Geschäft von Herta Fürch findet man Glaskunst, Keramik und Kunst des 20. Jh., besonders zeitgenössische Maler aus Dresden, Sachsen und Tschechien.

Jo+Co Wohnaccessoires (D 5)
Prager Straße 10, Altstadt
Mo–Sa 10–20 Uhr
S: Walpurgisstraße, Prager Straße
Eine wahre Fundgrube animiert zum Stöbern: Wohn- und Geschenkideen mit Stil, Designermöbel, Lampen, Wanduhren, Spiele und zahllose witzige und praktische Kleinigkeiten (u. a. Alessi, Octopus, Ritzenhoff); das flotte Ampelmännchen gibt es in allen Variationen).

Keramik am Körnerplatz (J 4)
Friedrich-Wieck-Straße 7, Loschwitz
Di–Fr 10–18.30, Sa 10–14, So 11–16 Uhr
Bus: Körnerplatz
Ulrike Hausmann führt Lausitzer Keramik, litauische Schwarzkeramik und das bekannte Geschirr der Hedwig-Bollhagen-Werkstätten (Marktwitz bei Berlin).

Keramikwerkstatt (E 3)
Rothenburger Straße 38
Äußere Neustadt
Di–Fr 11–18 Uhr

Einkaufen

S: Görlitzer Straße, Bautzner/Rothenburger Straße
Katarina Gnauck entwirft Geschirr und töpfert Unikate, außerdem übernimmt sie auch Sonderanfertigungen.

kulTisch (D 3)
Wallgässchen 5, in der Prisco-Passage
Innere Neustadt
Mo–Mi 10–18, Do, Fr 10–19 Uhr
S: Palaisplatz
Alles für Interessenten gehobener Tischkultur, Wohn- und Küchenaccessoires, individuelle Geschenke und aktuelle Trends.

Kunsthandwerk an der Kreuzkirche (D 5)
An der Kreuzkirche 6, Altstadt
Mo–Sa 10–18 Uhr
S: Prager Straße, Altmarkt
Hier wartet eine schier unerschöpfliche Auswahl: erzgebirgische Volkskunst, Glas und Kristall, Emaille und Keramik, Porzellan und Puppen, auch Oster- und Weihnachtsartikel.

Highlight
Kunsthofpassage (E 3)
Die Kunsthofpassage in der Äußeren Neustadt mit ihren vier phantasievoll und farbenfroh gestalteten Innenhöfen – Hof der Fabelwesen, Hof des Lichts, Hof der Metamorphosen, Hof der Elemente – ist ideal zum Bummeln, Stöbern und Kaufen. Mit viel Liebe zum Detail wurde ein ganz und gar individuelles und anheimelnd-einladendes Ambiente im Szeneviertel geschaffen (Eingänge Alaunstraße 70 und Görlitzer Straße 21-25). www.kunsthof.com.

Meissener Porzellan am Fürstenzug (D 4)
An der Frauenkirche 5, im Hilton Dresden, Altstadt
Mo–Fr 9.30–20, Sa 9–18, So, Fei 9–16 Uhr
S: Altmarkt
Das Porzellan mit den kobaltblauen Schwertern.

Sächsische Werk-Kunst-Stube (D 5)
Wallstraße 1, Altstadt
Mo–Fr 10–18, Sa 10–14 Uhr
S: Postplatz
Stoffe, Keramik und erzgebirgische Holzfiguren (seit 1834) nahe dem Postplatz.

Weihnachtsland am Zwinger (D 4)
Kleine Brüdergasse 5, Altstadt
Mo–Sa 10–19, So 10–18 Uhr
S: Postplatz, Theaterplatz
Auch im Sommer kann man sich von der weihnachtlichen Welt verzaubern lassen – die ganze Palette erzgebirgischer Volkskunst wird ausgebreitet.

Lederwaren & Schuhe

Leliveld Schuhe (D 3)
Königstraße 12, Innere Neustadt
Mo–Fr 10–19, Sa 10–18 Uhr
S: Palaisplatz, Albertplatz
Feinste Schuhe (Alden, Hogan, Pollini, Baldinini, Fratelli Rossetti u. a.) und Handtaschen.

Mode

Anita Pehse Select (D 3)
Wallgässchen 4, in der Prisco-Passage
Innere Neustadt
Mo–Fr 10–19, Sa 10–18 Uhr
S: Palaisplatz

Einkaufen

Internationale Markenkollektionen für Damen und Herren. Gehört zu den Spitzenadressen in der Stadt.

Gabriele Häfner (D 3)
An der Dreikönigskirche 10
Innere Neustadt
Mo–Fr 10–19, Sa 10–18 Uhr
S: Albertplatz, Palaisplatz
Im roten Eckhaus an der Königstraße ist alles edel und teuer (Armani, Johnstons, Closed, Strenesse).

Leinenkunst im Florentinum (D 5)
Ferdinandstraße 12
Altstadt
Mo–Fr 10–19.30, Sa 10–16 Uhr
S: Walpurgisstraße, Prager Straße
Ausgefallene Kleidung, Decken, Kissen usw.

Lui-Herrenmoden (D 5)
Im Florentinum, Ferdinandstraße 10
Altstadt
Mo–Fr 10–20, Sa 10–18 Uhr
S: Walpurgisstraße, Prager Straße
Designermoden für den anspruchsvollen Mann.

Minge Moden (D 3)
Königstraße 3, Innere Neustadt
Mo–Fr 10–19, Sa 10–18 Uhr
S: Palaisplatz
Top-Fashion in barockem Ambiente (Armani, Lezard, Max Mara, Tse). Gepflegter Service; Modenschauen.

Modehaus Breuninger (D 5)
Prager Straße 4a
Altstadt
Mo–Mi 10–19, Do, Fr 10–20, Sa 9.30–18 Uhr
S: Hbf bzw. Hbf Nord, Walpurgisstraße
Der strenge, transparente Bau in Stahl und Glas bietet Mode für Damen und Herren auf drei Etagen. Marken von Armani bis Windsor – alles übersichtlich präsentiert, freundliche, kompetente Beratung.

Mrs. Hippie (E 3)
Görlitzer Straße 25
Äußere Neustadt
Mo–Fr 11–19.30, Sa 11–16 Uhr
S: Görlitzer Straße
Riesenangebot aktueller Trends in schrill-buntem Ambiente in der Kunsthofpassage.

Noblesse (D 3)
Königstraße 1
Innere Neustadt
Mo–Fr 10–20, Sa 10–18 Uhr
S: Palaisplatz
Bei Christine Franke findet man modischen Chic in Leder sowie Handtaschen und Accessoires führender Marken (Joop, Trixi Schober, Sergio Rapi, Comtesse, Goldpfeil, Roeckl, MCM).

Preciosas (D 5)
Landhausstraße 4
Altstadt
Mo–Sa 10–20, So 14–20 Uhr
S: Altmarkt
Exklusives Modehaus. Nobelmarken Ambiente, Valentino, Versace, Moschino, Rena Lange, Tse, Zapa.

Rehaland (D 5)
Seestraße 10
Altstadt
www.magic-dessous.de
Mo–Sa 9.30–19 Uhr
S: Altmarkt, Prager Straße
Fachgeschäft für Dessous, Bademoden und Nachtwäsche – in Tüll und Spitze, Satin und Seide.

Xanadu (E 3)
Katharinenstraße 23

Einkaufen

Äußere Neustadt
Mo–Fr 11–20, Sa 11–16 Uhr
S: Albertplatz
Der Laden entwickelt sich mit den Vorlieben der jungen Neustadt-Bewohner: Früher Second-Hand-Shop, vertritt er nun Mode von jungen Labels wie Alprausch, Sisha, Blutsgeschwister und Herrlicher.

Schmuck & Uhren

Goldschmiede (J 4)
Friedrich-Wieck-Straße 11
Loschwitz
Di–Fr 15–18, Sa 10–13 Uhr
Bus: Körnerplatz
Constance Maria Makolies verkauft Schmuck in dörflichem Fachwerkambiente.

Goldschmiede Shirley Hofmann (D 3)
Königstraße 11
Innere Neustadt
Di–Fr 11–13, 14–19, Sa 11–13, 14–16 Uhr
S: Albertplatz, Palaisplatz
Goldschmiedin Shirley Hofmann entwirft individuelle Kunstwerke aus edlem Metall und kostbaren Steinen, kombiniert mit natürlichen Materialien. Im Innenhof, Zugänge von der Königstraße und von der Nieritzstraße.

Juwelier Leicht (D 4)
Im Taschenbergpalais, Sophienstraße
Altstadt
Mo–Fr 10–19, Sa 10–18, So 10–16 Uhr
S: Postplatz, Theaterplatz
Juwelen und exklusive Uhren (Glashütter Uhrentradition seit 1845: hochwertige mechanische Uhren). Dresdens erste Adresse, aber auch im Hotel Adlon, Berlin, und im Grandhotel Schloss Bensberg bei Köln.

Navajo (E 3)
Rothenburger Straße 43
Äußere Neustadt
Mo–Fr 11–20, Sa 10–15 Uhr
S: Görlitzer Straße
Goldschmied Harald Günther fertigt extravaganten Schmuck in klaren Linien – meist in Silber, Weißgold, Edelstahl oder Platin.

Secondhand

Second Season (D 4)
Rähnitzgasse 12
Innere Neustadt
Mo–Fr 10–19, Sa 10–16 Uhr
S: Neustädter Markt, Palaisplatz
Gute Auswahl an exklusiver Designermode (z. B. Joop, Escada, Strenesse, Marc Cain, St. Emile, Versace).

Ländliches Refugium in Loschwitz

Die **Friedrich-Wieck-Straße** lädt zum Bummeln, Stöbern und Kaufen ein. In einem kleinen Fachwerkambiente sind Galerien und Boutiquen für moderne Kunst, Design, Kunsthandwerk, Keramik und Goldschmiedearbeiten sowie das Buchhaus Loschwitz versammelt (in der Saison z. T. auch sonntags geöffnet). Angenehme Plätze zum Ausruhen sind Kaffee Wippler am Körnerplatz, Weincafé Clara und direkt an der Elbe Körnergarten mit Terrasse und Elbe Hotel Garten mit Blick aufs Blaue Wunder und nach Blasewitz.

Cocktails in der Sonderbar

Ausgehen

Wo ist was los?

In der Altstadt – nicht zuletzt das abendlich-nächtliche Kulturzentrum Dresdens – lässt sich bei Live-Musik in den Bars der Hotels Kempinski Taschenbergpalais Dresden und Hilton Dresden ebenso ein schöner Abend verbringen wie in den Restaurants und Kneipen in der Münzgasse.

In der Inneren Neustadt kann man rund um die Königstraße und die Hauptstraße gut ausgehen; zahlreiche Bars, Bistros, Kneipen und Restaurants – auch der gehobenen Kategorie – bieten für jeden etwas.

Für Nachtschwärmer jeder Couleur ist die Äußere Neustadt *das* Terrain. Das Szeneviertel lockt mit einer Vielzahl von Restaurants, Kneipen und Bars (teils mit Live-Musik), mit Konzerten, Parties und Disco im Kulturzentrum Scheune (s. S. 74) und im Down Town und in Katy's Garage. Café Kontinental und Café Europa (Tag und Nacht durchgehend geöffnet) kann man zu jeder Zeit ansteuern.

Weiter östlich in der Radeberger Vorstadt kann man im Waldschlösschenkomplex (s. S. 37) das Brauhaus und das Kino Metropolis sowie ein Stück weiter die Großdisco Dance Factory besuchen. Auf dem Weißen Hirsch befindet sich das Parkhotel (Konzerte, Disco; Blauer Salon). Eine große Diskothek ist 2Club im Seidnitz-Center in Seidnitz.

Auch im Stadtteil Pieschen tut sich betreffs Kneipenszene Einiges. Das Ball- und Brauhaus Watzke (s. S. 37) erstrahlt im Glanz von ehedem.

Viele Kneipen und Restaurants, besonders die Neueröffnungen, sind gleichzeitig als Frühstückscafé, Bistro und Bar eingerichtet, bieten Imbiss und kleine Gerichte oder auch eine reichhaltigere Speisekarte und haben oft einen Biergarten, eine Terrasse oder einen kleinen Innenhof, so dass man praktisch überall ein angenehmes Plätzchen für eine Ruhepause finden kann.

Ein Halt für alle Fälle

Café Europa (Königsbrücker Straße 68), Café de Paris (im Bhf. Dresden-Neustadt) und Café Kontinental (Görlitzer Straße 1/Ecke Louisenstraße) sind durchgehend geöffnet – hier in der Neustadt hat man zu jeder Tages- und Nachtzeit einen festen Anlaufpunkt und kann dazu auch mehr als ein Häppchen essen (s. S. 63, 64).

Ausgehen

Bars

Classic American Bar (D 4)
Im Taschenbergpalais,
Kleine Brüdergasse, Altstadt
Tel. 0351/491 27 20
Tgl. 18–2 Uhr
S: Postplatz, Theaterplatz
Wie alles im Kempinski-Hotel ist auch die Bar stilvoll, nobel und großzügig. Do, Fr, Sa 20–1 Uhr Piano-Livemusik.

Rauschenbach Deli (D 5)
Weiße Gasse 2
Altstadt
Tel. 0351/821 27 60
Tgl. ab 9 Uhr
S: Pirnaischer Platz
Die elegante Einrichtung passt zum Frühstück ebenso wie zum Cocktail. Ideal für Pausen beim Altstadtbesuch.

Blue Note (E 3)
Görlitzer Straße 2 b
Äußere Neustadt
Tel. 0351/801 42 75
Tgl. 20–5 Uhr
S: Görlitzer Straße
Hier gibt es Jazz und Blues – auch Live-Konzerte – für den echten Neustadt-Nachtschwärmer.

Sidedoor (E 3)
Böhmische Straße 38
Äußere Neustadt
Tel. 0179/685 64 40
Tgl. ab 20 Uhr
S: Görlitzer Straße
Klassische Bar im amerikanischen Stil, die durch ihre sympathischen Barkeeper schnell Heimatgefühle vermittelt. Oft Live-Musik.

Frank's Bar (E 3)
Alaunstraße 80,
Äußere Neustadt
Tel. 0351/65 88 83 80
So–Do 19–2, Fr, Sa 19–5 Uhr
S: Alaunplatz, Görlitzer Straße
Die Institution in der Neustadt; hier kreuzt man auf.

KLAX (B 1)
Sternstraße 1/Ecke Leipziger Straße 131
Mickten
Tel. 0351/849 06 62
Tgl. 20–9 Uhr
S: Mickten
Nachtbar mit Go-Go-Girls und Striptease.

Pinta (E 3)
Louisenstraße 49
Äußere Neustadt
Tel. 0351/810 67 61
Tgl. ab 19 Uhr
S: Görlitzer Straße
Eine der ältesten Cocktailbars in der Neustadt. Hat nach mehreren Umbauten inzwischen eine tropische Note bekommen.

Balance-Bar (D 4)
An der Frauenkirche
Altstadt
Tel. 0351/864 28 50
Tgl. 9–1 Uhr
S: Altmarkt
Großzügige Bar im Hilton Dresden (erster Stock). In den voluminösen Ledersesseln kann man geruhsam versinken. Fr und Sa Live-Musik.

Quattro (D 3)
Wallgässchen 4
Innere Neustadt
Tel. 0351/216 76 44
Mo–Fr 11–19, Sa 11–16 Uhr
S: Palaisplatz
Mini-Bar mit Chic im Torhaus zur Prisco-Passage. Im Laden Quattro findet man geschmackvolle Mitbringsel.

Ausgehen

Sonderbar (B 7)
Würzburger Straße 40, Südvorstadt
Tel. 0351/471 95 95
Mo–Fr 18–1, Sa, So 18–2 Uhr
S: Nöthnitzer Straße
Angesagte Bar in Universitätsnähe; hier ist in diskreter Atmosphäre Entspannung angesagt bei einer Riesenauswahl an Cocktails und Spirituosen.

Studiobar (E 3)
Görlitzer Straße 1, Äußere Neustadt
Tel. 0351/563 64 14
Mo–Sa 20–3 Uhr
S: Görlitzer Straße
Die außergewöhnlich gediegene Cocktailbar liegt im Fadenkreuz des Ausgehviertels, Ecke Görlitzer/Louisenstraße.

Zora Cocktailbar (E 3)
Prießnitzstraße 10/12, Äußere Neustadt
www.carte-blanche-dresden.de
Okt.–April Mi–So ab 18 Uhr, Mai–Sept. Di–So ab 15 Uhr
S: Diakonissenkrankenhaus
Die neue mondäne Cocktailbar liegt in einem Hof, der Bars und Clubs für ganz verschiedene Zielgruppen bietet. Chic und zeitgemäß in warmen orangenen Farben gestaltet und großzügig auf zwei Etagen angelegt. 150 exotische Cocktails stehen zur Auswahl. Mittwochs bis samstags wird's heiß, dann sorgen DJs für Stimmung. Mit Backstage, MusicBar und Restaurant, dem anatolischen Restaurant Lehmofen und dem Travestie-Revuetheater Carte Blanche lädt ein attraktives Ambiente zum Besuch ein. Im Sommer auch mit Biergarten.

Diskotheken & Clubs

Alter Schlachthof (D 2)
Gothaer Straße 11/Ecke Leipziger Straße, Leipziger Vorstadt
Tel. 0351/858 85 29
www.alter-schlachthof.de
Ab 20/21 Uhr (Plakataushang)
S: Alexander-Puschkin-Platz
Konzerte (Rock, Beat, Reggae u. a.) in zwei großen Hallen für 900 bzw. 2300 Personen. Der restaurierte denkmalgeschützte Schlachhof bietet ein besonderes Raumerlebnis und hervorragende Akustik im spannungsvollen Ambiente von Industriearchitektur.

Bärenzwinger (D 4)
Brühlscher Garten, Altstadt
Tel. 0351/495 14 09
Mo, Mi, Do 20–24, Di 20–1,
Fr, Sa 20–3 Uhr
S: Synagoge, Pirnaischer Platz
Der traditionsreiche Studentenclub (seit 1967/68) befindet sich unter der Brühlschen Terrasse, der Zugang liegt etwas versteckt. Der Innenhof mit Blick in den Sternenhimmel und das große Tonnengewölbe in der Stadtmauer des 16. Jh. schaffen eine urwüchsige Atmosphäre. Disco, Konzerte, Theater.

Blue dance club (D 5)
Wallstraße 11, Altstadt
Tel. 0351/482 07 11
www.blue-dresden.de
Mi–Sa ab 22 Uhr
S: Webergasse, Postplatz, Altmarkt
Dresdens Diskothek im Zentrum, direkt an der Altmarkt Galerie. House, Black und Classics der 80er und 90er Jahre, Shows und Special Events.

BUNKER Straße E (F 1)
Werner-Hartmann-Straße 2
Albertstadt
www.strasse-e.de
S: Industriegelände
Voll angesagter Szenetreff des Dresdner Partyvolks im Industriegelände. An Wochenenden gibt es auf zwei Etagen

Ausgehen

Superstimmung in der Großdisco Dance Factory

Dark Wave, House, Electro und 80er-Jahre-Musik.

Dance Factory (G 3)
Bautzner Straße 118
Radeberger Vorstadt
Tel. 0351/802 00 66
Do, Fr, Sa ab 22 Uhr
S, Bus: Angelikastraße
Großdisco, Tanzcafé und Nachtbar auf dem früheren Gelände der Stasi. Im Sommer Terrasse mit Blick auf die Elbe.

Down Town (E 3)
Katharinenstraße 11, Äußere Neustadt
Tel. 0351/811 55 92
Mi–Sa ab 22 Uhr
S: Louisenstraße, Albertplatz
Seit 1995 im Szeneviertel; schrille und schwul-lesbische Parties, zwei Dancefloors und drei Bars; in Verbindung mit Groove Station: Kneipe mit Konzerten.

Disco 2Club (H 7)
Im Seidnitz-Center, Enderstraße 59
Seidnitz
Tel. 0351/250 77 44
www.dresden-2club.de
Mi–So ab 21 Uhr
S: Rennplatzstraße, Bus: Einkaufszentrum Seidnitz
Diskothek, Tanzcafé Sunrise und Remixclub. Hier können sich alle Altersgruppen – je nach Geschmack – genügend Bewegung verschaffen: Funk & Soul, Techno-Trance, Beat und Rock, Oldie- und Schlagerabende.

Katy`s Garage (E 3)
Alaunstraße 48/Ecke Louisenstraße
Äußere Neustadt
Tel. 0351/656 77 01
www.katysgarage.de
Mo–Sa 20–5 Uhr
S: Görlitzer Straße, Louisenstraße
Alternative und entspannte Location an der belebten Ecke Alaunstraße/Louisenstraße. Wechselnd von Hip-Hop, Drum`n Bass und Indierock bis Reggae und Bossa Nova.

m5 Nightlife (D 4)
Im Hilton Dresden, Münzgasse 5
Altstadt

Ausgehen

Tel. 0351/496 54 91
Do–Sa ab 21 Uhr
S: Altmarkt
Disco und Tanzbar in gehobenem Ambiente. Für Damen freier Eintritt. Gespielt werden Schlager der 80er Jahre des 20. Jh., Black Music und die aktuellen Dancecharts.

Motown-Club (D 5)
St. Petersburger Straße 9, Altstadt
Tel. 0351/487 4150
www.motown-club.de
Mi–Sa 21–5 Uhr,
S: Pirnaischer Platz
Einziger Black-Music-Club Dresdens, 1998 von Abdulaye Balde aus Guinea gegründet. Viermal in der Woche legen lokale oder Gast-DJ's Hip Hop, Funk & Soul, Salsa oder Dance-Klassiker auf.

Parkhotel (K 3)
Bautzner Landstraße 7, Weißer Hirsch
Tel. 0351/56 34 09 55
www.8seasons-dresden.de
Sa ab 22 Uhr (ca. 5mal im Monat)
S: Plattleite
Edelambiente im ehedem eleganten Parkhotel; Großer Saal und Blauer Salon. Retro-Bar Kakadu, Disko-Events.

Saloppe Sommerwirtschaft (G 3)
Brockhausstraße 1, Radeberger Vorstadt
www.saloppe.de
Mo–Sa ab 17, So ab 12 Uhr
S: Wilhelminenstraße
Tagsüber lauschiger Biergarten, abends bei allen Alterklassen beliebte Disko zu den Hits der vergangenen 40 Jahre.

Schwul & Lesbisch

Mit Berlin, Köln oder Amsterdam ist Dresden natürlich nicht zu vergleichen. Die Dresdner Szene belebt und organisiert sich jedoch zusehends. Immerhin formieren sich zum Christopher Street Day Umzüge mit einigen hundert Teilnehmern und anschließenden Straßenfesten und Parties.

Wer mehr über die Szene erfahren möchte, wende sich an:
Gerede (E 3), Dresdner Lesben, Schwule und alle Anderen e. V., Prießnitzstraße 18, Stadtteilhaus, Tel. 0351/802 22 51, Fax 802 22 60, www.gerededresden.de
Frauenzentrum ›sowieso‹ (G 3), Angelikastraße 1, Äußere Neustadt/Radeberger Vorstadt, Tel. 0351/804 14 70.
Gegenpol. Das SchwuLesbische Monatsmagazin aus Sachsen, www.gegenpol.net.

Queens (E 3)
Görlitzer Straße 3
Äußere Neustadt
Tel. 0351/803 16 50
So–Do 20–5, Fr, Sa ab 20 Uhr
S: Görlitzer Straße
Gay-Bar und Entertainment.

Boy's Bar (E 3)
Alaunstraße 80
Äußere Neustadt
Tel. 0351/563 36 30
Di–So 20–5 Uhr
S: Albertplatz, Louisenstraße
Rot-golden gestylte Bar mit vielen Extra-Partys.

Kneipen

Applaus (D 4)
An der Frauenkirche 5, Altstadt
Tel. 0351/864 28 20
Tgl. 11.30–1 Uhr
S: Altmarkt
Das Restaurant liegt ganz zentral in der

Ausgehen

Münzgasse. Die Karte verspricht vor allem Steak-Spezialitäten. Nicht nur im Sommer ist die geschützte Terrasse mit Heizpilzen beliebt.

Busmann's Bar (D 4)
Kleine Brüdergasse 5, Altstadt
Tel. 0351/862 12 00
Tgl. 11–2 Uhr
S: Postplatz
Das modern und geschmackvoll eingerichtete Restaurant auf zwei Ebenen mit schöner Bar besetzt die gläserne Bugspitze des neuen Hauses am Zwinger (Taschenbergriegel). An dem touristisch belebten Platz kann man in anregender Atmosphäre exotische Kleinigkeiten und Drinks, Weine aus Übersee oder verschiedene Kaffeesorten genießen, im Sommer auch auf der Terrasse. Tgl. Live-Musik.

Café Europa (E 2)
Königsbrücker Straße 68
Äußere Neustadt
Tel. 0351/804 48 10
Tgl. 24 Stunden geöffnet
S: Bischofsweg
Lockere und anregende Atmosphäre im unaufdringlich-originellen Treff schräg gegenüber der Schauburg (s. S. 71). Preiswerte Gerichte vieler europäischer Regionen und variationsreiche Frühstücksangebote (6–16 Uhr 20 Sorten). Im Sommer Tische und Stühle auf dem Bürgersteig.

Café de Paris (D 3)
Schlesischer Platz 1
Innere Neustadt
Tel. 0351/803 27 22
Tgl. 24 Stunden geöffnet
S: Bahnhof Dresden-Neustadt
Man sitzt zwar im Neustädter Bahnhof, muss aber nicht nach Paris fahren, denn hier ist alles ›echt pariserisch‹ mit Fotos, alten Plakaten und Reklametafeln. Der angenehme Treff lädt zum nachmittäglichen Kaffee, doch auch Nachtschwärmer können hier jederzeit einfallen – bei Kerzenschein ist der hohe Raum stilvoll-schummrig.

Blumenau: ›Caffè & Bar‹ an der Kneipenmeile Louisenstraße

Ausgehen

Café Kontinental (E 3)
Görlitzer Straße 1
Äußere Neustadt
Tel. 0351/801 35 31
Tgl. 24 Stunden geöffnet
S: Görlitzer Straße
Ganz ungezwungen geht es an der belebten Ecke Görlitzer und Louisenstraße zu – und das durchgehend 24 Stunfen lang! Im Sommer sitzt man im »Konti« draußen vor den offenen Fensterfronten.

Café Neustadt (E 3)
Bautzner Straße 63/Ecke Pulsnitzer Straße
Äußere Neustadt
Tel. 0351/899 66 49
Mo–Fr 7.30–1, Sa, So 9–1 Uhr
S: Pulsnitzer Straße
Ob tagsüber oder abends: man fühlt sich wohl in modernem Ambiente – minimalistisch gestaltet und raffiniert ausgeleuchtet; internationale Frühstücksangebote, Do Jazz live.

Caffè & Bar Blumenau (E 3)
Louisenstraße 67
Äußere Neustadt
Tel. 0351/802 65 02
Mo–Do 8–2, Fr 8–3, Sa, So ab 9 Uhr Uhr
S: Görlitzer Straße
Kleines Gesamtkunstwerk: Hier geht alles grün, rot, orange und gelb fließend ineinander über – Böden, Wände, die witzige Uhr und die übermannshohe, leuchtende Orchidee. Große Fensterfront; im Sommer offen zur Straße – ein behagliches, empfehlenswertes Plätzchen.

Campus (C 6)
Hübnerstraße 13, Südvorstadt
Tel. 0351/475 90 00
Mai–Sept. tgl. ab 16, Okt.–April tgl. ab 18 Uhr
S: Nürnberger Platz
Beliebter studentischer Treff in Uninähe. Abwechslungsreich gestaltete hohe Kellerräume in angenehmen Erdfarben mit vielen Ecken und Nischen schaffen eine ungezwungene Atmosphäre, zehn Biersorten decken alle Geschmäcker ab, im Sommer Biergarten.

Försters (D 5)
Weiße Gasse 5
Altstadt
Tel. 0351/484 87 01
Tgl. ab 9 Uhr
S: Altmarkt, Pirnaischer Platz
Café, Bar und Restaurant: Das moderne Ambiente besticht durch große Fensterfronten, kühle Eleganz und italienischen Chic. Ob Frühstück, Salate oder Pasta, Kaffee, Bier, Wein oder Cocktails – zu jeder Tages- oder Nachtzeit findet man das Passende.

Combo Bar (E 3)
Louisenstraße 66
Äußere Neustadt
Tgl. 9–2 Uhr
S: Görlitzer Straße
Das Tagescafé mit abendlichen Barbe-

Kneipensurfer Äußere Neustadt

Das flotte Faltblatt mit allen Bars, Restaurants und Cafés der Äußeren Neustadt: Adressen, Öffnungszeiten, Telefonnummern und Kurzbeschreibung. Alle Lokalitäten sind in einem anschaulichen Stadtplanausschnitt auf einen Blick zu finden. Der Kneipensurfer liegt an vielen Plätzen kostenlos aus.
www.kneipensurfer.de

Ausgehen

trieb ist direkt aus den 1970er Jahren entsprungen, mit weißen Freischwingern und orangefarbenen Kugellampen. Auf der Karte: Kaffeespezialitäten, breite Auswahl an Milchshakes, ausgefallene Limonaden und Cocktails.

Jim Beam's Bar (E 3)
Alaunstraße 57
Äußere Neustadt
Tel. 0351/804 20 00
Mo–Fr 17–2, Sa, So 14–3 Uhr
S: Görlitzer Straße, Louisenstraße
Hier macht`s die Mischung – Bierkneipe und Bar mit deftiger, hauptsächlich amerikanischer Küche, Sportübertragungen auf Großbildleinwand sorgen für angeregte Stimmung.

Hebadas (E 3)
Rothenburger Straße 30
Äußere Neustadt
Tel. 0351/895 10 10
April–Okt. ab 20, Nov.–März ab 19 Uhr
S: Görlitzer Straße
Die Kneipe besteht seit 1914, das Retro-Design zieht seit Besitzerwechsel und Renovierung vor allem Studenten an. Am Wochenende wird im Hinterzimmer getanzt, auch sonst ist es hier oft brechend voll.

Max (G 5)
Wittenberger Straße 49/Ecke Bergmannstraße
Striesen
Tel. 0351/340 04 97
www.max-dresden.de
Mo–Fr ab 11, Sa, So ab 18 Uhr
Eine der ersten Schickeria-Kneipen in Dresden inmitten der mondänen Gründerzeit-Häuser Striesens mit kleinen, schnellen Gerichten und einer große Getränkekarte. Im Sommer hat die Terrasse die besten Plätze.

L'art de vie (D 3)
An der Dreikönigskirche 1a
Innere Neustadt
Tel. 0351/802 73 00
Tgl. 10–24 Uhr
S: Albertplatz, Neustädter Markt, Palaisplatz
Etwas versteckt im stilvollen Innenhof am Societaetstheater findet man diese kleine Oase, Kneipe und Restaurant (französische und italienische Küche) in einem, mit schöner Sommerterrasse, nebenan ein barocker Kräutergarten. Zugänglich auch durch die Kunsthandwerkerpassagen von der Hauptstraße aus.

Max (E 3)
Louisenstraße 65
Äußere Neustadt
Tel. 0351/563 59 96
Mo–Fr ab 9, Sa, So ab 10 Uhr
S: Görlitzer Straße
Sehen und Gesehenwerden: die großen Erdgeschossfenster laden förmlich dazu ein. Ein großzügiges Ambiente in warmen Farbtönen mit angenehmer und anregender Atmosphäre, mediterrane Küche und eine Frühstückskarte wochentags bis 18 Uhr locken eine bunt gemischte Gästeschar. Rundum zum Wohlfühlen.

Highlight

Münzgasse (D 4)
Die Gastronomie- und Flaniermeile Münzgasse in der Altstadt zwischen Terrassenufer und Frauenkirche ist als touristischer Treff unbestritten die Nr. 1 in Dresden. An lauen Sommerabenden bilden die Restaurants, Kneipen und Bistros mit ihren Terrassen eine große offene Bühne voll beschwingter mediterraner Lebendigkeit.

Ausgehen

Der Name erinnert an die Zeit vor der Wende: Planwirtschaft

New California (D 3)
Wallgässchen 4,
Innere Neustadt
Tel. 0351/811 35 10
www.newcalifornia.de
Tgl. 11–2 Uhr
S: Palaisplatz
Wer in der Stadt tagsüber einen besonderen Ruhepunkt im Grünen sucht, findet ihn hier in der neuen Prisco-Passage; stilvoll sind Restaurant mit Cocktail-Bar und schöner Gartenterrasse, abends angesagter Treff. Kalifornische und internationale Küche, von 12–17 Uhr preiswerter Business-Lunch, zwei Gänge 7,50 €, So 11–15 Uhr Brunch 14 €, Hauptgerichte bis 15 €, Blue Hour 18–20 Uhr.

Nr. 3 (D 5)
Weiße Gasse 3, Altstadt
Tel. 0351/485 08 88
Tgl. ab 10 Uhr
S: Altmarkt
Bar und Bistro ganz in Orange gehalten, Frühstück gibt es ganztägig. Im Sommer Terrasse im ruhigen Fußgängerbereich.

Oskar, die Filmkneipe (E 3)
Böhmische Straße 30
Äußere Neustadt
Tel. 0351/802 94 40
Di–Sa 19–2, So, Mo ab 20 Uhr
S: Görlitzer Straße, Bautzner-/Rothenburger Straße, Pulsnitzer Straße
Alte Filmutensilien, technische Apparate und Plakate als Dekoration schaffen eine individuelle und stimmungsvolle Atmosphäre. Mit Filmarchiv und Videoverleih. Schräg gegenüber haushohe symbolistische Wandmalerei – Natur durchdringt Mauern.

Paul Rackwitz (B 7)
Plauenscher Ring 33
Plauen
Tel. 0351/472 08 26
Tgl. 17–1.30 Uhr
S: Nöthnitzer Straße
Hier im Westend nahe der Uni trifft sich studentisches Publikum. Die szenig-gemütliche Kneipe auf mehreren Ebenen wirbt mit »Destillaten, Schankbieren und Delicatessen« (vormals ein Kolonialwarenladen).

Ausgehen

Peaches (D 3)
Antonstraße 29/Ecke Hainstraße
Innere Neustadt
Tel. 0351/802 03 24
Mo–Do, So 19–2, Fr, Sa 19–4 Uhr
S: Bahnhof Neustadt
Restaurantkneipe auf zwei Etagen mit Cocktailbar, einladend und abwechslungsreich gestaltet, Terrasse; hauptsächlich gibt es Pizza, Pasta und Salate – und nocheinmal genauso zünftig in Tolkewitz, Schlömilchstraße 1 (J 6), Tel. 252 32 15, So–Do 19–2, Fr, Sa bis 3 Uhr. S: Schlömilchstraße

Planwirtschaft (E 3)
Louisenstraße 20, Äußere Neustadt
Tel. 0351/801 31 87
Tgl. 9–1, Fr, Sa bis 3 Uhr
S: Louisenstraße
Beliebtes Traditionslokal; aus DDR-Zeiten nostalgische Erinnerungsstücke, Frühstücksbüffet bis 15 Uhr, im Sommer Biergarten im Innenhof. Im Haus: Hostel Louise 20 (s. S. 27).

Radeberger Spezialausschank (D 4)
Terrassenufer 1, Altstadt
Tel. 0351/484 86 60
Tgl. 10–1 Uhr
S: Theaterplatz
Im ehemaligen Brückenmeisterhaus sitzt man bei sächsischer Küche und einem Radeberger Pils an der Brühlschen Terrasse. Von der oberen Terrasse schöner Blick auf Semperoper, Terrassenufer und über die Elbe zur Neustadt.

Raskolnikoff (E 3)
Böhmische Straße 34
Äußere Neustadt
Tel. 0351/804 57 06
Tgl. 10–2 Uhr, Bar 19–2 Uhr
S: Görlitzer Straße, Bautzner/Rothenburger Straße, Pulsnitzer Straße
Dresdens beliebte Kultkneipe hat seit der Wende überlebt. Spärlich leuchtet das rote Lämpchen am Eingang, Sand bedeckt den Boden, schlicht ist die Einrichtung. Kleine Gerichte (international) sowie üppiges Frühstücksangebot. Fürs Gemüt gibt es einen verwunschenen Hinterhof mit Brunnen, im Obergeschoss residiert eine Galerie (experimentelle Kunst, Installationen, Foto).

Scheunecafé (E 3)
Alaunstraße 36–40,
Äußere Neustadt
Tel. 0351/802 66 19
Mo–Fr 17–2, Sa, So 10–2 Uhr
S: Görlitzer Straße, Louisenstraße
»Seite eh und je« beliebte Kneipe. Indische Küche, Biergarten und Kulturzentrum Scheune, vor Zeiten Jugendclub ›Martin Andersen Nexö‹ (s. S. 74).

The Red Rooster (D 4)
Rähnitzgasse 10, Innere Neustadt
Tel. 0351/272 18 50
Tgl. 11–mindestens 3, Küche bis 3 Uhr
S: Neustädter Markt
Im beliebten Irish Pub von Franz Trommer trinkt man Guinness oder Kilkenny. Es gibt auch schottische Single Malts und irische Whiskeys. Oft Live-Musik. Essen kann man auch (deftig), im Sommer im schönen barocken Innenhof.

Watzke – Brauereiausschank am Goldenen Reiter (D 4)
Hauptstraße 1, Innere Neustadt
Tel. 0351/810 68 20
Tgl. 9.30–24 Uhr
S: Neustädter Markt
Die Atmosphäre ist anregend (Live-Musik), die Einrichtung rustikal und die Küche sächsisch-deftig; Spezialität ist das erste unfiltrierte Dresdner Stadtbier. Terrasse mit Blick auf Altstadt und Frauenkirche.

Einzigartige Atmosphäre: Filmnächte am Neustädter Elbufer

Unterhaltung

Feste & Festivals

Dresden bietet ein abwechslungsreiches Kulturprogramm: Oper und Operette, Schauspiel und Ballett, Konzert und Kabarett, Experimentelles und Progressives, Festspiele und Freilichtveranstaltungen – Langeweile kommt garantiert nicht auf. Besondere Erlebnisse sind Serenaden im Zwinger, im Park von Schloss Pillnitz und im Barockgarten Großsedlitz.

Eintrittskarten an den Abendkassen etwa eine Stunde vor Vorstellungsbeginn; Vorverkauf in den Tourist-Informationen Prager Straße (s. S. 18), in der Schinkelwache am Theaterplatz (s. S. 18, Tel. 0351/491 17 05; nur Oper), im SZ-Ticketservice im Kaufhaus Karstadt (s. S. 53, Tel. 0351/861 16 50), Konzertkasse im Florentinum (Ferdinandstraße 12, Tel. 0351/86 66 00) und Ticketzentrale im Kulturpalast (Tel. 486 66 66, www.ticketcentrale.de).

April/Mai
Filmfest Dresden (Mitte April): Internationales Kurzfilmfestival im Bereich Spiel-, Experimental- und Animationsfilme. Im Filmclub Dagmar viele Begleit-Partys. www.filmfest-dresden.de
Dampferparade (1.Mai): Bunt beflaggt und mit einer Dixielandband an Bord fahren die neun historischen Schaufelraddampfer der Sächsischen Dampfschifffahrtsgesellschaft in Paradeform nach Pillnitz und zurück.
Internationales Dixieland Festival (Anfang/Mitte Mai): Ältestes europäisches Jazzfestival mit Bands aus Europa und Übersee. Den Abschluss der Veranstaltung bildet der Festumzug der Bands auf historischen Wagen vom Großen Garten zum Kulturpalast am Altmarkt. www.dixieland.de.
Karl-May-Festtage (Ende Mai/Anfang Juni): In Radebeul. www.karl-may-fest.de.
Dresdner Dampflokfest (Mitte Mai): Auf dem Gelände der DB an der Nossener Brücke in der Südvorstadt.
Dresdner Musikfestspiele (Ende Mai–Mitte Juni): Dresdner Ensembles und internationale Stars. www.musikfestspiele.com.
Christopher Street Day (Ende Mai/Anfang Juni): CSD in Dresden.

Juni
Elbhangfest (Ende Juni): Straßen- und Volksfest mit Festumzug entlang der Sächsischen Weinstraße von Loschwitz über Wachwitz und Niederpoyritz bis Pillnitz. www.elbhangfest.de.
Bunte Republik Neustadt (Juni) Ein unkonventionelles Fest im Szeneviertel Äußere Neustadt. www.neustadtforum.de

Unterhaltung

Juli/August
Scheune Schaubudensommer (Mitte Juli): Sommerspektakel mit Schaustellern aus vielen Ländern hinter dem Kulturzentrum Scheune in der Neustadt.
Filmnächte am Neustädter Elbufer (Juli/Aug.): Open-Air-Kino, auch Rockkonzerte. www.filmnaechte-am-elbufer.de.
Moritzburg Festival (Anfang–Mitte Aug.): International renommiertes Festival mit Schwerpunkten Kammermusik und zeitgenössische Musikszene im barocken Jagd- und Wasserschloss Moritzburg und in der Kirche. www.moritzburgfestival.de
Museums- Sommernacht (Mitte Juli): 37 Museen öffnen ihre Tore für Aktionen und Sonderführungen.
Dresdner Stadtfest (Ende Aug.): Handwerksmarkt, Konzerte, Sportveranstaltungen und Kulinarisches in der Altstadt und in der Neustadt sowie Dampfschifffest mit Flottenparade.

September
Dresdner Töpfermarkt (Anfang Sept.): Regionale und überregionale Töpfer bieten fantasievolle und hochwertige Keramik rund um den Goldenen Reiter feil, Hauptstraße. www.toepfermarkt-dresden.de
Dresdner Herbstmarkt (Anfang–Mitte/Ende Sept.): Traditionelles Handwerk und ›Speis und Trank‹, Altmarkt.

Oktober
Dresdner Tage der Zeitgenössischen Musik (Anfang–Mitte Okt.): Deutsche und internationale Konzerte.

Dezember
Dresdner Striezelmarkt (Ende Nov.–24.12.): Ältester deutscher Weihnachtsmarkt (seit 1432), auf dem Altmarkt (mit Stollenfest). Weitere Weihnachtsmärkte: Stallhof (historisch), Prager Straße und Hauptstraße (Neustadt). www.striezelmarkt.de.

Kabarett & Kleinkunst

Breschke & Schuch – Dresdner Kabarett (C 4)
Wettiner Platz 10, Eingang Jahnstraße, Altstadt
Tel. 0351/490 40 09, Fax 490 40 08
www.kabarett-breschke-schuch.de.
S: Bhf. Mitte
Ernstes und Unterhaltsames von Manfred Breschke und Thomas Schuch (auch schon mal mit den ›Dresdner Salon-Damen‹). 194 Plätze, 2 Rollstuhlplätze.

Die Herkuleskeule – Dresdens Kabarett-Theater (C 5)
Sternplatz 1, Altstadt
Tel. 0351/492 55 55, Fax 492 55 54
www.herkuleskeule.de
S: Freiberger Straße, A.-Althus-Straße
Das Ensemble hat auch nach der poli-

Dresden swingt

Alljährlich beherrscht Mitte Mai für vier Tage das **Dixielandfestival** mit seiner einzigartiger Atmosphäre Straßen und Plätze, Freilichtbühnen, Hallen und Konzertsäle der Elbmetropole – und das bereits seit über drei Jahrzehnten! Der amerikanische Südstaatenrhythmus aus New Orleans ist dann allgegenwärtig beim größten Festival dieser Art in Europa. Höhepunkt und Abschluss ist die große Dixielandparade mit deutschen und internationalen Bands, z. T. auf Oldtimern, entlang dem Terrassenufer bis zum Theaterplatz.

Unterhaltung

tischen Wende nichts von seinem Biss verloren und garantiert einen unterhaltsamen Abend (Rainer Bursche, Gloria Noack, Brigitte Heinrich u. a.). Scharfzüngig und musikalisch beschwingt geht es der Gesellschaft und den menschlich-allzu-menschlichen Verhaltensweisen an den Kragen! Karten frühzeitig bestellen.

Carte Blanche (E 3)
Prießnitzstraße 10/12, Äußere Neustadt
Tel. 0351/20 47 20
www.carte-blanche-dresden.de
S: Diakonissenkrankenhaus
Travestie-Theater: Die Truppe und regelmäßige Gast-Stars verbinden Musical, Kabarett, Showtanz und viel Chi-Chi zu einem aufregenden Abend.

Komödie Dresden (C 5)
Freiberger Straße 39, im WTC, Altstadt
Tel. 0351/86 64 10
www.komoedie-dresden.de
S: Freiberger Straße
Theater mit Parkett und Rang (643 Plätze). Boulevardstücke, Kabarett; Lesungen im Theaterrestaurant ›nebenan‹.

Theaterhaus Rudi (B 1)
Fechnerstraße 2 a, Trachau
Tel. 0351/859 09 95
www.rudi-dresden.de
S: Rankestraße
Amateurbühne für Nonsens, Kabarett, Silvester-Show (im Kulturzentrum).

Theaterkahn (D 4)
Theater für Cabaret, Musik und Literatur
Terrassenufer, Altstadt
Tel. 0351/496 94 50
www.theaterkahn-dresden.de
S: Theaterplatz
»Das Erdetreiben, wies auch sei, ist immer doch nur Plackerei.« (Goethe, Faust, 2. Teil) Nicht bei Friedrich-Wilhelm Junge, dem temperamentvollen Unterhaltungskünstler, und dem Programm des Theaterkahns (Revue »Caprifischer«, »Auf den Flügeln bunter Träume«). Im Programm u. a.: Heine, Kästner, Tucholsky oder P. Süskind; Gastspiele. Über den Anlegesteg geht es zum Rang (für Rollstuhlfahrer geeignet) und zum italienischen Restaurant Kahnaletto (s. S. 44), Parkett und Schiffsbar eine Treppe tiefer.

wechselbad (C 5)
Maternistraße 17, Haus der Kultur
Altstadt
Tel. 0351/796 11 55
www.theater-wechselbad.de
S: A.-Althus-Straße, Freiberger Straße
Kabaretistisches und Musikalisches auf ungewöhnliche Art, Gastspiele bekannter Künstler und Bühnen aus ganz Deutschland.

Kino

Besonders eindrucksvoll sind die Filmnächte (Großleinwand) bzw. Konzerte am Neustädter Elbufer (Juli–August) mit der Stadtsilhouette im Hintergrund. Der *Dresdner Kinokalender* erscheint monatlich (kostenlos);
Die *Plusz,* die Veranstaltungsbeilage der Sächsischen Zeitung, liegt jeden Donnerstag der SZ bei. Sie bringt kurze Inhaltsbeschreibungen der Filme, Adressen und Telefonnummern.
www.kinowoche.de

Thalia – Cinema, Coffee and Cigarettes (E 3)
Görlitzer Straße 6, Äußere Neustadt
Tel. 0351/6 52 47 03
S: Görlitzer Straße
Kleines Kino mit schöner Bar und Sommergarten.

Unterhaltung

Cinemaxx (H 5)
Hüblerstraße 8, Blasewitz
Tel. 0351/31 56 80
www.cinemaxx.de
S, Bus: Schillerplatz
Der Filmpalast in der Schillerpassage bietet 2000 Plätze in acht Kinosälen.

Filmtheater Schauburg (E 2)
Königsbrücker Straße 55
Äußere Neustadt
Tel. 0351/803 21 85
www.schauburg-dresden.de
S: Bischofsweg
In der Sommersaison mit Hofkino. Als eines der ersten Kinos in Dresden 1927/28 von Martin Pietzsch in strengem Neoklassizismus erbaut; war *das* Kino der 1950er und 1960er Jahre.

Metropolis (G 3)
Am Brauhaus 8, Radeberger Vorstadt
Tel. 0351/816 67 21
www.metropolis-dresden.de
S, Bus: Waldschlösschen
Im Waldschlösschenkomplex (s. S. 37).

Programmkino Ost (J 6)
Schandauer Straße 73, Striesen
Tel. 0351/310 37 82
www.programmkino-ost.de
S: Altenberger Straße
Anspruchsvolle Filme, Klassiker.

UCI-Kinowelt (A 1)
Im Elbe-Park, Lommatzscher Straße 82
Mickten
Tel. 0351/841 41 41
www.uci-kinowelt.de
Bus: Kötzschenbroder Straße
Multiplex-Kino mit 2600 Plätze in 9 Sälen, Einkaufszentrum Elbe-Park.

UFA-Palast (D 5)
Prager Straße 6
Seevorstadt-Ost
Tel. 0351/482 58 25
www.ufa-dresden.de
S: Walpurgisstraße, Prager Straße
Acht Säle mit 2700 Plätzen und der modernsten Technik der Stadt. Mischung aus Programmkino und Multiplex. Kristallpalast von COOP Himmelb(l)au.

Dekonstruktivistische Attraktion aus Stahl und Glas: Foyer des Ufa-Palastes

Unterhaltung

Oper, Operette & Schauspiel

die bühne (E 7)
Teplitzer Straße 26
Strehlen
Tel. 0351/46 33 61 91
S, Bus: Strehlener Platz, Zellescher Weg
Das kleine Theater der TU Dresden.

Kleines Haus (E 3)
Glacisstraße 28
Innere Neustadt
Tel. 0351/491 35 55
S: Albertplatz, Bautzner-/Rothenburger Straße, R.-Luxemburg-Platz
Spielstätte des Staatsschauspiels. Nach langjähriger Schließung, Umbau und Sanierung im Januar 2005 wiedereröffnet. Stücke von Schiller, Kleist, Dürrenmatt, Brecht, Bukowski u. a.; Gastspiele, Konzerte, Tanztheater.

Kleine Szene (F 3)
Bautzner Straße 107
Radeberger Vorstadt
Tel. 0351/491 17 05
S: Nordstraße
Hier gibt die Staatsoper z. B. Kammeropern; Gastspiele, Tanztheater.

Landesbühnen Sachsen (nordwestl. A 1)
Meißner Straße 152, 01445 Radebeul
Tel. 0351/895 42 14
www.dresden-theater.de
S: Weintraubenstraße
Ballett, Musicals; Aufführungen auf der Felsenbühne Rathen (s. S. 105).

Projekttheater Dresden (E 3)
Louisenstraße 47, Äußere Neustadt
Tel. 0351/810 76 00
www.projekttheater.de
S: Görlitzer Straße, Louisenstraße
Experimentelles, Performances.

Unterhaltung

Historische Rekonstruktion in überwältigender Pracht: die Semperoper

rasse. Zeitkritische Stücke, z. B. von Ernst Jandl, Woody Allen, Peter Hacks oder George Tabori.

Staatsoperette Dresden (südlich J 8)
Pirnaer Landstraße 131, Leuben
Tel. 0351/207 99 29
www.staatsoperette-dresden.de
S: Altleuben
Stücke wie Benatzkys »Im Weißen Rössl«, Lehars »Das Land des Lächelns«, Lortzings »Zar und Zimmermann«. Deutschlands einziges Operettentheater mit eigenem Ensemble.

Staatsschauspiel (D 4)
Ostra-Allee 3, Altstadt
Tel. 0351/49 13 50, Kasse 491 35 55
www.staatsschauspiel-dresden.de
S: Postplatz
Das **Schauspielhaus,** 1911–13 mit modernster Bühnentechnik errichtet, brannte 1945 aus. 1993–95 wurde es saniert und wieder in den Originalzustand des Jugendstils versetzt, 810 Plätze, gute Akustik. Restaurant, Behindertenservice. Von Shakespeare bis

Semperoper (D 4)
Theaterplatz 2, Altstadt
Tel. 0351/491 17 30 05
Abendkasse Tel. 491 14 91
www.semperoper.de
S: Theaterplatz
Opern, Sinfoniekonzerte und Ballettaufführungen der Sächsischen Staatsoper. Ein Abend in der Semperoper (s. S. 93) gehört zu den ganz besonderen Kunsterlebnissen (rund 1400 Sitzplätze).

Societaetstheater (D 3)
An der Dreikönigskirche 1 a
Innere Neustadt
Tel. 0351/803 68 10, Fax 803 68 12
www.societaetstheater.de
S: Albertplatz, Neustädter Markt
Das Societaetstheater von 1779 (1832 aufgelöst) wurde 1999 wiedereröffnet. Große und Kleine Bühne behindertengerecht ausgestattet; Restaurant L'Art de Vie (tgl. 10–24 Uhr), mit schöner Ter-

Führung in der Semperoper

Wer bei einem kurzen Dresden-Aufenthalt keine Karten für die Semperoper bekommen konnte, sollte auf jeden Fall tagsüber eine lohnenswerte Führung mitmachen. Tgl. bis 15 Uhr, Dauer 1 St., Infos am Eingang Elbseite oder in der Tourist-Information Schinkelwache, www.semperoper-fuehrungen.de

Unterhaltung

Heiner Müller, Schnitzler, Kleist, Lessing, Tschechow. Im *Theater Oben*: Experimentelles, Gastpiele, Lesungen.

Theater Junge Generation (westlich A 3)
Meißner Landstraße 4, Cotta
Tel. 0351/42 91 20
www.tjg-dresden.de
S, Bus: Cossebauder/Warthaer Str.
Historische und zeitgenössische Themen, in aktuell-kritischen Bearbeitungen speziell für Kinder und Jugendliche.

Weitere Veranstaltungsorte

Festspielhaus Hellerau (nördl. F 1; Sonderkarte)
Karl-Liebknecht-Straße 56, Hellerau
Tel. 0351/883 37 00, Fax 883 37 03
www.festspielhaus-hellerau.com
S: Heideweg (Festspielhaus)
z. Z. geschl.

Frauenkirche (D 4)
Neumarkt, Altstadt
Stiftung Frauenkirche, Ticket-Service Georg-Treu-Platz 3, Tel. 0351/656 06 10, Fax 656 06 12
www.frauenkirche-dresden.de
S: Altmarkt, Pirnaischer Platz
Neben den Gottesdiensten finden in Kirche und Unterkirche eine große Anzahl von Konzerten statt. Karten sind begehrt, unbedingt im Voraus kaufen.

Star Club (westlich A 4)
Altbriesnitz 2a, Altbriesnitz
Tel. 0351/4 21 03 02
www.starclub-dresden.de
S: Cossebauder Straße
Ehrwürdiger Konzertschuppen. Hier spielen alle, die später groß rauskommen.

Jazzclub Neue Tonne (D 3)
Königstraße 15, Kulturrathaus, Innere Neustadt
Tel. 0351/802 60 17
Fax 0351/802 60 18
www.jazzclubtonne.de
S: Albertplatz, Palaisplatz
Jazz aller Stilrichtungen.

Kulturpalast Dresden (D 5)
Schlossstraße 1, Altstadt
Tel. 0351/486 60
S: Altmarkt
Spielstätte der renommierten Dresdner Philharmonie sowie breites Veranstaltungsprogramm von Volksmusik bis Rock (Großer Saal 2400 Plätze, Studiobühne; s. S. 89, 111).

riesa efau (C 4)
Adlergasse 14–16, Friedrichstadt
Tel. 0351/866 02 11
www.riesa-efau.de
S-Bahn, S: Bhf. Mitte
Konzerte, Theateraufführungen, Lesungen; Werkstätten. Kino Quasimodo, Galerie Adlergasse.

Scheune (E 3)
Alaunstraße 36–40, Äußere Neustadt
Tel. 0351/804 38 22
S: Görlitzer Straße, Louisenstraße
Im legendären Kulturzentrum gibt's Theater, Kleinkunst, Kino, Rock- und Jazzkonzerte, Disko. Sehr beliebt ist auch das Scheunecafé mit Biergarten.

Schloss Albrechtsberg (H 3)
Bautzner Straße 130, Loschwitz
Vorverkauf: Tel. 0351/486 63 40
www.schloss-albrechtsberg.de
S: Schloss Albrechtsberg
Klassische Konzerte (Kronensaal; s. S. 85).

Unterwegs mit Kindern

Dresden und seine nähere Umgebung hat auch für Kinder und Jugendliche Einiges zu bieten. Im Großen Garten ist eine Fahrt mit der Parkeisenbahn ein Erlebnis. Vom neuen Bahnhof an der Herkulesallee fährt die Kleinbahn auf einer knapp 6 km langen Strecke durch Dresdens schönste Parkanlage (45 Min., April, Okt. tgl. 10–17, Mai–Sept. 10–18 Uhr). Hier gibt es eine Freilichtbühne (Kino, Konzerte), das Puppentheater Sonnenhäusl, die Ausflugsgaststätte Carolaschlösschen am Carolasee (mit Bootsverleih) und den Botanischen Garten mit Gewächshäusern (Apr.–Sept. 8–18, März, Okt. 10–17, Feb., Nov. 10–16, Jan., Dez. 10–15.30 Uhr. Der Zoologische Garten (E 6) ist Teil des Großen Gartens. Tiergartenstraße 1, Tel. 0351/ 47 80 60, im Sommer 8.30–18.30, Winter 8.30–16.30 Uhr.

Schiffsfahrten auf der Elbe mit den historischen Schaufelraddampfern machen Eltern und Kindern gleichermaßen Spaß (s. S. 15).

Puppentheater (D 5): Rundkino, Prager Straße, Altstadt, Sommerspielstätte im Sonnenhäusl (Großer Garten, s. o.), Tel. 0351/496 53 70, S: Walpurgisstraße, Prager Straße.

Im **Karl-May-Museum** in Radebeul (mit der Villa Shatterhand und dem Blockhaus Villa Bärenfett) werden Leben und Werk des Abenteuerschriftstellers und seiner berühmten Gestalten Winnetou und Old Shatterhand lebendig (März–Okt. Di–So 9–18, Nov.–Febr. 10–16 Uhr, S: Schildenstraße).

Die **Karl-May-Festtage** in Radebeul finden jährlich Ende Mai/Anfang Juni statt. Die historische Schmalspurbahn »Lößnitzdackel« fährt von Radebeul-Ost 16,5 km durch den Lößnitzgrund über Moritzburg bis Radeburg.

Auf der Felsenbühne Rathen in der Sächsischen Schweiz finden vor großartiger Naturkulisse die **Karl-May-Spiele** statt (2000 Plätze), s. S. 105.

Zur Besichtigung mit Kindern und Jugendlichen bieten sich weiterhin besonders an: Verkehrsmuseum: s. S. 101, Deutsches Hygiene-Museum (s. S. 96), Technische Sammlungen (s. S. 100), Festung Königstein: s. S. 104f.

Dresden aktiv

Beliebt: Freitagsabends Nachtskaten

Eissport

Eissporthalle u. Eislaufbahn (C 3)
Im Ostra-Sportpark
Pieschener Allee 1, Friedrichstadt
Tel. 0351/494 22 35
Bus: Eissporthalle

Golf

Golfanlage Ullersdorf (östlich K 3)
01454 Ullersdorf, Am Golfplatz 1
Tel. 03528/48 06-0, Fax 48 06–11
www.golfanlage-ullersdorf.de
18-Loch-Platz am Ostrand der Dresdner Heide gelegen, Clubhaus mit öffentlichem Restaurant; Golfshop. 14 km vom Stadtzentrum.

Golfclub Dresden (südl. C 8)
01728 Possendorf
Ferdinand-von-Schill-Straße 4a
Tel. 03 52 06/243 00
www.golfpark-elbflorenz.de
18-Loch-Platz, südlich über Bannewitz auf der B 170, ca. 10 km.

Kanu-Touren

Kanu-Aktiv-Tours
01824 Königstein
Elbpromenade, vom S-Bahnhof Königstein 150 m elbaufwärts

Elberadweg

Ganz sportlich kann man die abwechslungsreiche Elblandschaft von Meißen bis Schmilka an der tschechischen Grenze auf dem Elberadweg erkunden (Gesamtstrecke Prag – Cuxhaven). Es fährt sich flussauf- oder flussabwärts praktisch gleich gut, da die Elbe nur sehr geringes Gefälle hat. Aufgrund der vorherrschenden nordwestlichen Winde und der sich steigernden landschaftlichen Reize empfiehlt es sich jedoch, flussaufwärts zu radeln. Zu 90 % verläuft der Radweg auf eigener Streckenführung, überwiegend geteert oder andere feste Oberfläche. Angaben zur Qualität und zum Verlauf der Fahrstrecke, radfreundliche Einkehr- und Übernachtungsmöglichkeiten, Reparaturwerkstätten, Fährverbindungen und Sehenswürdigkeiten bei den Verkehrsämtern und www.elberadweg.de. Entsprechende Karten und Radführer sind empfehlenswert.

Dresden aktiv

Schandauer Straße 17–19
Tel. 03 50 22/507 04
rene.hofmann@kanu-aktiv-tours.de
www.kanu-aktiv-tours.de
Kanu Aktiv Tours organisiert Flusswanderungen, Höhlentouren und Ausflüge, vermietet Canadier, Schlauchboote und Kanus sowie Ausrüstung; auch Besichtigungstouren der Festung Königstein.

Radtouren

Eine schöne Fahrradtour führt von der Neustadt entlang der Elbe vorbei an den Elbschlössern nach Loschwitz und über Wachwitz weiter nach Pillnitz. Hier kann man mit der Fähre nach Kleinzschachwitz übersetzen und über Laubegast und Blasewitz ins Zentrum zurückkehren (Stadtplan genügt, ca. 25 km, Strecke nur teilweise asphaltiert, stellenweise schmal). Karten für längere Touren: »Dresden und Umgebung« (1:50 000), jeweils mit Wander- und Radwanderwegen (Landesvermessungsamt Sachsen, Nr. 4948, und Seeger Kartographie, Dresden). Fahrradverleih s. S. 22.

Schwimmen

Freibäder- und Hallenbäder

Georg-Arnhold-Bad (E 5):
Hauptallee 2, Altstadt
Tel. 0351/494 22 03
S: Großer Garten
Freibad und Hallenbad mit jeweils 25m-Becken, 80m-Röhrenrutsche und 18m-Breitrutsche. Sehr zentral am Großen Garten gelegen.

Mockritz (südl. E 8):
Münzteichweg 22b, Mockritz

Elbamare – Erlebnisbad Dresden

Die moderne attraktive Bade- und Freizeiteinrichtung im Stadtteil Gorbitz lockt Jung und Alt, besonders Familien: Sport- und Erlebnisbecken mit Außenbereich, Kinderbecken, 80 m lange Riesenrutsche, Hot-Whirlpool, Strömungskanal, tropischer Liegegarten, Solarien und Saunen sowie Restaurant. Die gesamte Anlage ist behindertengerecht angelegt. Wölfnitzer Ring 65, Haltestelle Merianplatz, www.elbamare.de, tgl. 10–22 Uhr, auch So und Fei (außer 24 u. 25. 12.), 2- und 4-Stunden-Karten, Tageskarten, Gruppentarife.

Tel. 0351/471 82 01
Bus: Münzteichweg
Das Naturbad ist nicht gechlort. Beim Campingplatz (s. S. 33). Ca. 5 km südlich des Stadtzentrums.

Wostra (südöstl. K 8):
An der Wostra 13, Kleinschachwitz
Tel. 0351/202 39 25
Bus: Freibad Wostra
Am südöstlichen Stadtrand in Elbnähe gelegen, 50m-Becken mit Sprungturm (3 und 5m). Ca. 12 km südöstlich des Stadtzentrums.

FKK-Strandbad (südöstl. K 8):
Wilhelm-Weitling-Straße 39
Kleinschachwitz
Tel. 0351/201 32 38
Bus: Freibad Wostra
Neben dem Freibad Wostra gelegen.

Nordbad (E 3):
Louisenstraße 48, Äußere Neustadt

Dresden aktiv

›Strandleben‹ an der Elbe

Tel. 0351/803 23 60
S: Görlitzer Straße
Das Hallenbad (1894 als Germaniabad eröffnet) ist seit der Sanierung 1996 wieder ein wahres Schmuckstück.

Toskana Therme Bad Schandau

Rudolf-Sendig-Straße 8a
01814 Bad Schandau
Tel. 03 50 22/546 10, Fax 546 11
Mo–Do, So 10–22, Fr, Sa 10–24, bei Vollmond bis 2 Uhr
www.toskana-therme.de/schandau
S-Bahn: von Hbf. S 1, Bad Schandau, Personenfähre zum Zentrum, PKW B 172
Moderne Badelandschaft mit parkartigem Außenbereich an der Elbe. Farblichtspiele, Unterwassersound, Duftanlage und 360-Grad-Kugelprojektion vermitteln meditativen Badegenuss.

Skaten

Mitte April bis Mitte Oktober treffen sich die Inline-Skater jeden Freitag gegen 19 Uhr an der St. Petersburger Straße (Start–Ziel) zur großen nächtlichen Runde durch die Stadt. Die wechselnden, rund 20 km langen Routen führen durch die Altstadt und die inneren Stadtbezirke, z. T. auch über die Elbbrücken in die Neustadt. Das Nachtskaten nach Pariser Vorbild wurde 1998 von Barbara Lässig initiiert. Unter www.nachtskaten-dresden.de sind die aktuellen Nachtskate-Routen und weitere Infos zu finden.

Ansonsten rollt man tags ganz entspannt zum reinen Freizeitvergnügen auf den asphaltierten Wegen im Großen Garten oder am Neustädter Elbufer etwa von der Marienbrücke elbaufwärts bis zu Fähre Neustadt–Johannstadt.

Wandern & Klettern

Wandern kann man in der 50 km² großen Dresdner Heide mit ihrem ausgedehnten Wegnetz und vor allem in der Sächsischen Schweiz mit ihrer bizarren Felsenwelt und den wildromantischen Schluchten (spezielle Wanderführer,

Dresden aktiv

Wander- und Radwanderkarte: »Nationalparkregion Sächsische Schweiz zwischen Pirna und Decin«, 1:30 000). Markierte Wege sollte man nicht verlassen und die Naturschutzvorschriften beachten.

Seit 1990 sind Teile des Elbsandsteingebirges als Nationalpark Vordere und Hintere Sächsische Schweiz besonders geschützt, seit 2000 auch angrenzende Gebiete der Böhmischen Schweiz, so dass ein ca. 200 km² großer grenzüberschreitender Nationalpark gebildet werden konnte.

Tourismusverband Sächsische Schweiz e. V.
Bahnhofstraße 21
01796 Pirna
Tel. 03501/47 01 47, Fax 47 01 48
www.saechsische-schweiz.de

Nationalparkverwaltung Sächsische Schweiz
An der Elbe 4
01814 Bad Schandau
Tel. 035022/90 06 00, Fax 90 06 66

Nationalparkhaus Sächsische Schweiz
Dresdner Straße 2 B
01814 Bad Schandau
April–Okt tgl. 9–18 Uhr, Nov.–März Di–So 9–17 Uhr
Tel. 03 50 22/502 40
www.lanu.org
Im modernen Informations- und Besucherzentrum Ausstellung über die Nationalparkregion Sächsisch-Böhmische Schweiz mit 10 m hoher Felswand, zwei Multivisionsshows zur Tier- und Pflanzenwelt und zur Entwicklung des Elbsandsteingebirges; das Ganze wird mit moderner Medientechnik veranschaulicht – interessant für Kinder und Erwachsene. Restaurant mit Terrasse.

Sächsischer Bergsteigerbund (C 4)
Könneritzstraße 33
01067 Dresden
Tel. 0351/494 14 15, Fax 494 14 17
www.sbb-dav.de

Bergsport Arnold
Obere Straße 2
01848 Hohnstein
Tel./Fax 035975/812 46
www.bergsport-arnold.de
Einführungskurse Felsklettern, geführte Wanderungen usw.

Soli Vital Sport- und Freizeitzentrum
Schandauer Straße 100
01855 Sebnitz
Tel. 03 59 71/574 98
Kontakt über Bergsport Arnold
Tgl. 9–24 Uhr
Kletteranlage 10–23 Uhr
Die Anlage bietet Tennis, Squash, Badminton, Fitnessstudio, Sauna, Solarium, Inline-Skate-Platz und Fesselballonflugplatz sowie eine moderne 10 m hohe Kletterwand (Kletterfläche 320 m²); Verleihshop, Bar und Restaurant.

Dresden-Marathon
Der Dresden-Marathon findet im Oktober statt. Start und Ziel Ostra-Allee am Haus der Presse. Streckenverlauf: Altstadt, Elbufer, Johannstadt, Großer Garten, Neustädter Elbufer, Altstadt
Veranstalter und Ausrichter:
Dresden-Marathon e. V.
Chopinstraße 7
01324 Dresden
Tel. 0351/401 12 22,
info@dresden-marathon.de
www.dresden-marathon.de

Freitreppe zur Brühlschen Terrasse

Sehenswert

Orientierung leicht gemacht

Dresden macht dem Besucher die Orientierung leicht: Die Stadtgestalt hat sich dem Verlauf der Elbe organisch angepasst. Knapp 30 km fließt der Fluss innerhalb des Dresdner Stadtgebiets. Links der Elbe liegen Altstadt, Friedrichstadt, Südvorstadt, Strehlen, Johannstadt, Großer Garten, Blasewitz, Striesen, Laubegast und Kleinzschachwitz, rechts der Elbe Neustadt, Pieschen, Hellerau, Loschwitz, die Dresdner Heide und Pillnitz. Einen Großteil davon kann der Gast fast auf einen Blick überschauen – vom Rathausturm (Lift).

In der **Altstadt** und in der **Inneren Neustadt** liegen praktisch alle bedeutenden Sehenswürdigkeiten, Museen, die großen Hotels, Geschäftsstraßen und Ausgehadressen eng beieinander und sind zu Fuß zu erkunden.

Dresdens malerische Lage im Elbtal kann man auch bequem auf einer **Dampferfahrt** nach Pillnitz erleben. Die Schiffe fahren vom Terrassenufer unterhalb der Brühlschen Terrasse ab.

Vororte sind gut mit der Straßenbahn zu erreichen, für Fahrten nach Radebeul, Meißen, Freital, Pirna und in die Sächsische Schweiz empfiehlt sich die S-Bahn oder das Auto.

Stadtteile

Altstadt (C/D 5)

Die Innere Altstadt zwischen Hauptbahnhof und Elbufer wurde im Februar 1945 total zerstört. Die dichte Bebauung der Vorkriegszeit und die Straßenführungen wurden beim Wiederaufbau nicht wieder hergestellt, doch konzentrieren sich hier fast alle bedeutenden Sehenswürdigkeiten und Museen: Zwinger, Semperoper, Schloss, Kathedrale, Gemäldegalerie, Brühlsche Terrasse, Albertinum und Kreuzkirche. Das Straßen- und Platzensemble Prager Straße aus den 1960er und 1970er Jahren mit postmodernen Bauten der späten 1990er Jahre verbindet den Hauptbahnhof mit dem Zentrum.

Die Altstadt kann man gut zu Fuß erkunden (s. Tour 1), ebenso die Wilsdruffer Straße, Altmarkt mit Altmarkt Galerie, Seestraße und die Prager Straße bis zum Hauptbahnhof. Die wichtigsten Straßenbahnknotenpunkte sind Postplatz und Pirnaischer Platz. Zum Großen Garten fährt man mit der Straßenbahn bis zum Straßburger Platz (VW-Manufaktur, Parkeisenbahn, Botanischer Garten).

Blasewitz (G/H 4)

Beliebtes und exclusives Wohnviertel im Osten der Stadt, das 1921 einge-

Sehenswert

meindet und 1945 nicht zerstört wurde, so dass heute eine einzigartige städtebauliche Anlage der Gründerzeit im Grünen erhalten ist. Häuser im Landhaus- und Heimatstil und ›klassische‹ Villen des Historismus strahlen Ruhe und Gediegenheit aus, vermitteln Atmosphäre und Urbanität: beiderseits der Loschwitzer Straße, vor allem um den Blasewitzer Waldpark – besonders gediegen ist die Goetheallee.

Die Straßenbahnlinien 6 und 12 fahren bis zum zentralen Schillerplatz. Auf einem Gang rund um den Blasewitzer Waldpark erschließt sich die Atmosphäre dieses ruhigen Wohnviertels in Elbnähe. Angenehme Ruhepunkte an der Elbe mit Blick auf den Loschwitzer Elbhang sind Café Toskana, Schillergarten und Villa Marie mit schöner Gartenterrasse.

Friedrichstadt (B/C 3/4)

Die älteste Vorstadt Dresdens (1835 eingemeindet) schließt westlich an die Altstadt an. Ab 1730 wurde der Stadtteil von Kurfürst Friedrich August I. planmäßig angelegt. Hiervon zeugen die Friedrichstraße mit barocken Wohnhäusern, Palais Brühl-Marcolini (Krankenhaus Friedrichstadt), Matthäuskirche und evangelischer Friedhof, innerer und äußerer katholischer Friedhof und Matthäusfriedhof. Seit Ende des 19. Jh. prägen Industrie- und Handelsbauten das Bild: die Hafenmühle, damals eines der größten und modernsten Mühlenwerke Deutschlands, Lagerhäuser am Alberthafen, Hauptmarkthalle, Zigarettenfabrik Yenidze, Städtischer Vieh- und Schlachthof im Ostragehege (Messe). In der Berliner Straße hatte die Künstlergemeinschaft ›Brücke‹ ihr erstes Domizil (s. S. 97).

Die Friedrichstadt erreicht man mit den Straßenbahnlinien 10 und 12. Weiter zum Alberthafen, zum neuen Messegelände im Ostragehege und über den Messering und die Pieschener Allee zurück ins Zentrum geht es besser per Fahrrad.

Hellerau (Sonderkarte)

Ab 1909 entsteht im Norden von Dresden die erste deutsche Gartenstadt. In einer offenen Siedlungsbauweise wurden Ein- und Zweifamilienhäuser mit Garten errichtet als Ausdruck eines gesunden und naturverbundenen Wohnens und Arbeitens. Die neuen sozialreformerischen Ideen und künstlerischen Ausdrucksformen strahlten weithin aus und lockten Interessenten und Förderer an. Zentrum ist der Hellerauer Markt; das Festspielhaus (1911) wird wieder für kulturelle Aktivitäten genutzt, und die Deutschen Werkstätten Hellerau (1909) produzieren bis heute (s. Tour 5, S. 116).

Hellerau erreicht man vom Postplatz in 30 min. mit der Straßenbahnlinie 8 oder mit dem Auto. Der ländlich-grüne Stadtteil ist hügelig und ausgedehnt, zu Fuß sollte man etwa 1,5 St. rechnen, per Fahrad kann man noch mehr Straßen abfahren (auch in Richtung Rähnitz und Klotzsche).

Loschwitz (J 4)

Auf einer Dampferfahrt vorbei an den drei Elbschlössern kann man die reizvolle Lage des ehemaligen Fischer- und Winzerdorfs auf sich wirken lassen. Die farbenfrohen Tupfer der Häuser und Villen verbinden sich mit dem Grün des Elbhangs zu einem anmutigen Bild. Hier lebten zahlreiche Maler, Komponisten, Schriftsteller und Wissenschaftler oder kamen zu Besuch (s. Tour 4, S. 114). Vom Körnerplatz führen die Standseilbahn (1895) zur Bergstation am Luisenhof und die Schwebebahn

Sehenswert

(1898) zur Loschwitzhöhe. Das Blaue Wunder (s. S. 83) verbindet seit 1893 Blasewitz mit Loschwitz.

Auch bei einem kurzen Dresden-Aufenthalt sollte man Loschwitz besuchen: Durch die Friedrich-Wieck-Straße schlendern (Kunsthandwerk), angenehm auf der Terrasse des Körnergartens an der Elbe sitzen, vom Luisenhof (Standseilbahn) oder von Schloss Eckberg Dresden von oben genießen,

Neustadt (D/E 3/4)

August der Starke überschaut als »Goldener Reiter« am Neustädter Markt die nach seinen Bauvorgaben errichtete »Neue Königstadt« zwischen Elbufer und Albertplatz, heute die **Innere Neustadt.** Anziehungspunkte für Besucher sind die neuerstandene barocke Pracht- und Einkaufsmeile Königstraße, der Fußgängerboulevard Hauptstraße, Japanisches Palais, Hotel Bellevue und Dreikönigskirche. Vom ›Canaletto-Blick‹ genießt man das berühmte Altstadtpanorama. Die **Äußere Neustadt** – zwischen Königsbrücker Straße, Bautzner Straße und Bischofsweg – ist das größte geschlossene Gründerzeitviertel in Deutschland. Im ehemaligen Nischenkultur-Terrain der Alternativen und Aussteiger wird seit der Wende 1989/90 kräftig gebaut und saniert. Zahllose Kneipen, Cafés und Geschäfte in der ›Bunten Republik Neustadt‹ stehen für urbanes Leben bei Tag und Nacht.

Die Innere Neustadt ist bequem über die Augustusbrücke zu erreichen, das Ausgehviertel Äußere Neustadt erreicht man mit den Straßenbahnlinien 3, 7 und 8 bis Albertplatz. Zu Fuß erschließt sich das Viertel auf jeden Fall am besten. Parken ist in der Äußeren Neustadt sehr schwierig; es gibt nur wenige öffentliche Parkplätze.

Weißer Hirsch (K 3)

Das noble, gründerzeitliche Villenviertel im Osten der Stadt hat sich fast unverändert erhalten. Die Lage oberhalb der Elbhänge wurde ab Mitte des 19. Jh. äußerst beliebt als Ausflugsziel, Sommerfrische und bevorzugte Wohnlage im Grünen – das gehobene Bürgertum, Beamte, Wissenschaftler, aber auch Künstler und Schauspieler zog (und zieht) es hierher. Zu Beginn des 20. Jh. avancierte der Kurort zum international bekannten Bad; ab 1931 offiziell ›Bad Weißer Hirsch‹.

Am schnellsten geht es mit dem Auto über die Bautzner Straße zum Weißen Hirsch und auch mit der Straßenbahnlinie 11 (Haltestelle Plattleite am Parkhotel) oder ganz gemächlich mit dem Raddampfer bis Loschwitz und mit der Standseilbahn zum Luisenhof hochfahren.

Gebäude, Straßen & Plätze

Albertplatz (E 3)
Neustadt
S: Albertplatz

Große klassizistische Platzanlage vom Anfang des 19. Jh., die zwölf Straßenzüge sternförmig bündelt, heute aber kaum noch als einheitliche Anlage erkennbar ist. Mit den reizvollen Brunnen »Stilles Wasser« und »Stürmische Wogen« von Robert Diez (1893), dem ersten Hochhaus (1929) Dresdens, dem Tempietto, ein artesischer Brunnentempel (1906) von Hans Erlwein, der Villa Eschebach (1901), Villa Augustin (Erich Kästner Museum) und Schillerdenkmal in einer Rundmauer mit Reliefs (1913); der Übergang zur Hauptstraße ist attraktiv mit begehbaren Wasserspielen und Lichtstelen gestaltet.

Sehenswert

Highlight

Albertinum (D 4)
Altstadt
S: Synagoge, Pirnaischer Platz
Die große Vierflügelanlage parallel zum Brühlschen Garten entstand durch einen Umbau des Alten Zeughauses (Mitte 16. Jh.) 1884–87 in Neorenaissanceformen. Die Inneneinrichtung wurde 1945 zerstört. Bedeutend sind die Sammlungen: **Galerie Neue Meister** (z. Z. geschl., s. S. 96) und **Skulpturensammlung** (z. Z. im Zwinger, s. S. 100).

Altes Landhaus (D 5)
s. Stadtmuseum (s. S. 100)

Altmarkt (D 5)
Altstadt
S: Altmarkt
Ost- und Westseite dieses zentralen Platzes erhielten in den 1950er Jahren eine neubarocke Bebauung mit Arkadengängen, die Nordseite begrenzt der Kulturpalast der 1960er Jahre, die Südostecke markiert die barocke Kreuzkirche (s. S. 89), die Südseite erhielt teilweise eine neue Blockbebauung. In der Weihnachtszeit Striezelmarkt.

Altstädter Wache (D 4)
Theaterplatz, Altstadt
S: Theaterplatz
Das Wachgebäude wurde 1830–33 nach Entwurf von Karl Friedrich Schinkel in Formen des Berliner Klassizismus von J. Thürmer errichtet (Schinkelwache). Den Mittelbau in Form einer griechischen Tempelfront mit Dreiecksgiebel mit der Figur der ›Saxonia‹ fassen niedrige Flügelbauten ein (Tourist-Information).

Augustusbrücke (D 4)
Altstadt, Neustadt
S: Theaterplatz, Neustädter Markt
Die heute neunbogige Elbbrücke verbindet an zentraler Stelle Alt-und Neustadt miteinander. Besonders abends romantischer Blick auf die stimmungsvoll beleuchtete Stadtsilhouette. Ab dem 13. Jh. existierte ein erster steinerner Flussübergang, Erweiterung der Brücke durch Matthäus Daniel Pöppelmann und J. G. Fehre ab 1727. Das Gemälde von Bernardo Bellotto, gen. Canaletto, ›Dresden vom rechten Elbufer‹, 1748, zeigt die Brücke mit zwölf Bögen realistisch in ihrer städtebaulich verbindenden Funktion (Gemäldegalerie Alte Meister). Zu Beginn des 20. Jh. erfolgten Abriss und Neubau 1907-10 von Hermann Klette und Wilhelm Kreis. Bis zur Wende 1989 hieß sie Georgi-Dimitroff-Brücke.

Highlight

Blaues Wunder (J 4)
Blasewitz, Loschwitz
S: Schillerplatz, Bus: Körnerplatz
Die elegante, filigran wirkende Stahlkonstruktion, technisch wie ästhetisch überzeugend, verbindet als Hängebrücke ohne Flusspfeiler seit dem Jahr 1893 die Stadtteile Blasewitz und Loschwitz und setzt einen belebenden Akzent in den leicht geschwungenen Elbbogen (die Einbindung in die hier bereits ländliche Stadtlandschaft zeigt sich besonders eindrucksvoll von der Terrasse von Schloss Eckberg). Zu Kriegsende 1945 konnten zwei Dresdner, Erich Stöckel und Paul Zickler, durch eine mutige Tat die vorbereitete Sprengung der Brücke verhindern (Gedenktafel). Direkt am Brückenkopf: Café Toscana (s. S. 46).

Blockhaus (D 4)
Große Meißner Straße 14

83

Sehenswert

Innere Neustadt
S: Neustädter Markt
Bereits von der Altstädter Seite sieht man den strengen Kubus links von der Augustusbrücke; er bildet mit einer eingezogenen Bogenhalle von drei Achsen und Dreiecksgiebel den südlichen Abschluss (point de vue) der Hauptstraße. Von Zacharias Longuelune ab 1732 errichtet, 1755 als Neustädter Wache vollendet, 1945 ausgebrannt, 1980 war der Wiederaufbau abgeschlossen. Ursprünglich als symmetrische Doppelanlage links und rechts der Brücke geplant, mit pyramidenähnlichen Aufsätzen und Denkmalsockeln, auf denen das Reiterstandbild Augusts des Starken und eine Siegesgöttin Minerva thronen sollten. Mit den großartigen Planungen der Brückenkopfgestaltung wollte August der Starke seinen Anspruch auf die deutsche Kaiserkrone versinnbildlichen.

Highlight
Brühlsche Terrasse (D 4)
Zwischen Augustus- und Carolabrücke, Altstadt
S: Theaterplatz, Synagoge
Ehemalige Festungsanlagen aus der Mitte des 16. Jh. Unter Graf Heinrich Brühl entstanden u. a. das Brühlsche Palais, das Belvedere und der Lustgarten (nichts mehr vorhanden); ab 1814 öffentlich zugänglich. Bis Anfang des 20. Jh. erfolgte der repräsentative Ausbau mit Ständehaus, Sekundogenitur, Kunstakademie und Albertinum zum ›Balkon Europas‹. Heute beliebteste Flaniermeile Dresdens. Große Freitreppe zum Schlossplatz mit den vier Skulpturengruppen der ›Tageszeiten‹ von Johannes Schilling. Unterhalb am Terrassenufer die Schiffsanlegestellen.

Coselpalais (D 4)
An der Frauenkirche, Rampische Straße, Altstadt
S: Altmarkt, Pirnaischer Platz
Das Mitte des 18. Jh. für den Sohn der Gräfin Cosel errichtete noble Palais wurde 1945 zerstört und 1999 wieder errichtet (Grand Café, s. S. 46); die beiden Flügelbauten des Ehrenhofs wurden Anfang der 70er Jahre erbaut.

Dreikönigskirche (D 3)
An der Dreikönigskirche 1
Innere Neustadt
S: Albertplatz, Neustädter Markt
Matthäus Daniel Pöppelmann und George Bähr errichteten 1732–39 den barocken evangelischen Sakralbau; der 88 m hohe Turm (Besteigung; auf vier Schautafeln Erklärungen zum großartigen Rundblick) – dominierend in der Neustadt – wurde erst Mitte des 19. Jh. ausgeführt. Ungewöhnlicherweise ist die Kirche von Ost nach West angelegt, d. h. der Haupteingang befindet sich an der Ostseite, und der Altar steht im Westen. Die Front zur Hauptstraße ist gemäß den Vorgaben Augusts des Starken dem barocken Charakter des Straßenzugs angepasst. Das bedeutendste Kunstwerk ist das 12 m lange Sandsteinrelief des »Dresdner Totentanzes« von Christoph Walther I. Ein Teil der Kirche ist heute Veranstaltungs- und Gemeindezentrum.

Elbschlösser (H 3)
Bautzner Straße 130–134 Loschwitz
S: Schloss Albrechtsberg
In repräsentativem Gestus, dabei harmonisch in die Landschaft eingebunden, liegen die Mitte des 19. Jh. in spätklassizistischer Manier errichteten Schlossbauten oberhalb des Elbhangs: **Schloss Albrechtsberg**, **Villa Stockhausen** (Lingner-Schloss) und in neo-

Sehenswert

gotischem Tudor **Schloss Eckberg** (Villa Souchay). Schloss Albrechtsberg (für den preußischen Prinzen Albrecht errichtet) entstand nach dem Vorbild der Villa Medici in Rom; wirkungsvoll sind die am Hang gestaffelten Gartenanlagen mit Kolonnaden; im Inneren prunken Gartensaal, Kronensaal und türkisches Bad (Führungen).

Festung Dresden (D 4)
Georg-Treu-Platz, Altstadt
April–Okt. tgl. 10–17, Nov.–März tgl. 10–16 Uhr,
Führungen stündlich
S: Synagoge, Pirnaischer Platz
Unter der Brühlschen Terrasse sind Teile der Festung aus Mittelalter und Renaissance freigelegt: Ziegeltor, Kasematten und Festungsgraben mit Brücke (Achtung: auch im Sommer kühl). Hier sollte der Apothekergehilfe und ›Experimentator‹ Johann Friedrich Böttger auf Geheiß Augusts des Starken ab 1707 das Goldmachen betreiben; er fand zwar kein Gold, aber das braune Böttgersteinzeug, später nach entscheidenden Vorarbeiten des Naturwissenschaftlers Ehrenfried Walther von Tschirnhaus das europäische weiße Porzellan.

Highlight

Frauenkirche (D 4)
Neumarkt
Altstadt
www.frauenkirche-dresden.org
Kuppelbesteigung: 10 Uhr–Sonnenuntergang; teils Lift
S: Altmarkt, Pirnaischer Platz
Das Meisterwerk des Ratszimmermeisters George Bähr entstand von 1726–43 und stellte den Höhepunkt protestantischen Kirchenbaus dar. Kühn erhob sich die 95 m hohe gewaltige Kuppel in Glockenform über dem barocken Zentralbau und wurde so stadtbildprägend zum Wahrzeichen der Stadt. Einzigartig war der Innenraum mit etwa 3500 Plätzen. Jahrzehntelang blieb die Ruine das Mahnmal für die Zerstörung Dresdens und wurde in den 1980er Jahren zum Symbol der Friedens- und Bürgerrechtsbewegung. 1993 begann der lange umstrittene Wiederaufbau im Sinn einer archäologischen Rekonstruktion, der im Juni 2004 mit der äußeren Vollendung abgeschlossen werden konnte. Seit Frühjahr 2005 kann die Kuppel bestiegen werden. Ein wunderbarer Rundblick erschließt die Stadt und das Elbtal. Die Weihe erfolgt am 30. Oktober 2005. Die Frauenkirche setzt nun wieder den entscheidenden Akzent im Stadtpanorama. Besonders dominierend erscheint das Wahrzeichen Dresdens von der Carolabrücke.

Fürstenzug (D 4)
Augustusstraße
Altstadt
S: Theaterplatz, Altmarkt
Das ungewöhnliche Kunstwerk befindet sich am Langen Gang des Stallhofs (Außenseite) zwischen Johanneum und Georgentor. Wilhelm Walther schuf 1872–76 das riesige, 102 m lange, einschließlich Schmuckrahmung knapp 11 m hohe Wandbild in Sgraffito-Technik der sächsischen Herrscher. 1906 wurde es wegen des schlechten Erhaltungszustandes auf 25 000 mehrfach gebrannte Meissner Porzellanfliesen übertragen (und überstand wunderbarerweise den Bombenangriff vom Februar 1945 fast unversehrt). 35 Wettiner Markgrafen – von Konrad dem Großen bis König Georg – veranschaulichen reitend in Zweier- und Dreiergruppen die gut 800-jährige Geschichte des sächsi-

Sehenswert

schen Herrscherhauses. Am Ende des Zuges folgen zu Fuß Vertreter des Bürgertums, u. a. der Maler Ludwig Richter und Wilhelm Walther, der Urheber des Fürstenzugs.

Gesamtministerium (E 4)
Archivstraße
Innere Neustadt
S: Carolaplatz
Die gewaltige, symmetrische Vierflügel-

Nach zwölf Jahren Bauzeit wiedererstanden: die Frauenkirche am Neumarkt

Sehenswert

anlage (1900–04, Edmund Waldow und Heinrich Tscharmann) mit zentraler Kuppelhalle, betontem Mittelrisalit und vier Eckrisaliten ist ein Werk des Späthistorismus, das beim Bombenangriff 1945 kaum beschädigt wurde. Der schlossartige Repräsentativbau verbindet neubarocke und klassizistische Formen mit Jugendstilelementen am Turmaufsatz mit der vergoldeten Königskrone. In Korrespondenz mit dem benachbarten **Finanzministerium** (1890–96) prägt er – eingebunden in die Elbwiesen – den Neustädter Elbbogen (1990–94 Rekonstruktion; heute Staatskanzlei, Innen-, Kultus- und Justizministerium).

Gläserne Manufaktur VW (E 5)
s. VW-Manufaktur S. 94

Goldener Reiter (D 4)
Neustädter Markt, Innere Neustadt
S: Neustädter Markt
Prächtiges Reiterstandbild Augusts des Starken (glanzvoll-legendärer Kurfürst Friedrich August I.) in der Tracht eines römischen Imperators mit Feldherrnstab. Augusts – ganz unkriegerischer Blick – geht nach Nordosten (Polen). Ross und Reiter sind in Kupfer getrieben und feuervergoldet. Das Denkmal steht etwas verloren und bindungslos auf der heute unmaßstäblich erweiterten Platzanlage. Geschmiedet nach einem Modell des Bildhauers Jean Joseph Vinache von L. Wiedemann 1736 (im Grünen Gewölbe zu sehen), Sockel erst 1884 von Constantin Lipsius vollendet, 1956 zur 750-Jahr-Feier der Stadt wieder aufgestellt, 1965 und 2002/03 neue Vergoldungen.

Hauptstraße (D 3/4)
Innere Neustadt
S: Neustädter Markt, Albertplatz
August der Starke ließ die Hauptstraße ab 1732 als Teil der ›Neuen Königstadt‹ anlegen, 500 m lang, am Neustädter Markt 50 m breit und sich bis zum Albertplatz auf 30 m Breite verjüngend; heute eine (weitgehend sanierte) Fußgängerzone mit Grünanlagen, Geschäften und Cafés. Auf der Westseite sind die barocken Häuser Nr. 9–19 als attraktive Kunsthandwerkerpassagen (s. S. 54) revitalisiert worden.

Highlight
Hofkirche (Kathedrale) (D 4)
Zwischen Theaterplatz und Schlossplatz
Altstadt
S: Theaterplatz
Mai–Okt. Mo–Do 9–17, Fr 13–17, Sa 10.30–16, So 10.30–17 Uhr, Nov.–April So 12–16 Uhr, Führungen Mo, Do 14, Fr, Sa 13 und 14 Uhr
Für die zum katholischen Glauben konvertierten sächsischen Kurfürsten von Gaetano Chiaveri mit italienischen Bauhandwerkern als größter Kirchenbau Sachsens errichtet (1738–55). Die elegante Turmfront zur Augustusbrücke ist von besonderer städtebaulicher Wirkung; auf den Balustraden befinden sich 78 Skulpturen von Lorenzo Mattielli, in der Gruft Sarkophage der Wettiner (Herz Augusts des Starken; als polnischer König ruhen seine Gebeine in Krakau); Anton Raphael Mengs schuf mit der »Himmelfahrt Christi« das größte deutsche Altarbild; Silbermannorgel, Kanzel von Balthasar Permoser.

Italienisches Dörfchen (D 4)
Theaterplatz 3
Altstadt
S: Theaterplatz
1911–13 erbaute Hans Erlwein den fla-

Sehenswert

chen Abschlussbau des Theaterplatzes zur Elbe. Während der Errichtung der Hofkirche waren hier die Hütten der italienischen Bauleute – daher der Name.

Jägerhof (D 4)
Köpckestraße 1, Innere Neustadt
S: Carolaplatz, Neustädter Markt
Der erhaltene Westflügel mit den vorgesetzten drei Treppentürmen ist der Rest der großen kurfürstlichen Renaissance-Anlage (ab Mitte 16. Jh.) und das älteste Gebäude der Neustadt. Seit 1913 befindet sich hier das Museum für Sächsische Volkskunst, s. S. 98.

Japanisches Palais (D 4)
Palaisplatz 11, Innere Neustadt
S: Palaisplatz
Stattliche barocke Vierflügelanlage von 1715–36 (M. D. Pöppelmann, Z. Longuelune, J. Ch. Knöffel, J. de Bodt), für die Porzellansammlung Augusts des Starken ausgebaut. Zum Palaisplatz repräsentativer Fassadenaufbau mit Tempelfront und Relief im Dreiecksgiebel (›Saxonia und die porzellanherstellenden Völker‹). Im Innenhof Umgang mit zwölf Kolossalhermen in japanischer Manier. Die grünen, geschwungenen Dächer verweisen dekorativ auf die Mode der Zeit. Nördlich steht das Denkmal König Friedrich Augusts des Gerechten (1843) von Ernst Rietschel. Museum für Völkerkunde s. S. 99, Landesmuseum für Vorgeschichte s. S. 98.

Johanneum (D 4)
Jüdenhof 1, Altstadt
S: Altmarkt
Ende des 16. Jh. von Paul Buchner als Stallgebäude für den kurfürstlichen Hof in Renaissanceformen errichtet; später Umbau und Nutzung als Gemäldegalerie. Die doppelläufige Treppenanlage wurde Mitte des 18. Jh. vorgesetzt. Davor befindet sich der Friedensbrunnen (Türkenbrunnen) mit der Figur der »Victoria«. Verkehrsmuseum s. S. 101.

Königstraße (D 3)
Innere Neustadt
S: Palaisplatz, Albertplatz
Von den Vorstellungen Augusts des Starken maßgeblich geprägter großzügiger Straßenzug zwischen Palaisplatz und Albertplatz als zweite bedeutende Achse der symmetrischen Neustädter Stadtanlage mit erhaltener barocker Bausubstanz (1722–65). Die restaurierte, wahrhaft ›königliche Straße‹ wird belebt von Passagen, noblen Geschäften, Restaurants und Bistros.

Kongresszentrum (D 4)
Ostra-Ufer 2
Altstadt
S: Haus der Presse
Das Internationale Congress Center Dresden ist zweifellos eines der attraktivsten und modernsten in Europa (2001–04, Architekturbüro Storch, Ehlers & Partner). Die großen Glasfronten, die monumentale Treppenanlage, das weit vorkragende Dach und die breite Schrägrampe bilden einen spannungsvollen, gleichwohl ruhigen Baukörper. Die lang gestreckte, geschwungene Form nimmt die Bebauung des innerstädtischen Elbbogens zwischen Marienbrücke und Carolabrücke gekonnt auf und bringt ihn mit Landtag und Maritim Hotel (Erlweinspeicher) zu einem zeitgemäßen Abschluss.

Krematorium (J 6)
Tolkewitz, Wehlener Straße
S: Schlömilchstraße
Die von Fritz Schumacher (Generalbebauungsplan für Hamburg) 1909–11 auf dem Johannisfriedhof symmetrisch gestaltete Anlage mit dem monolithi-

schen Kernbau, der Krematorium und Feierhalle enthält, Wasserbecken mit parallelen Urnenhainen und Urnenhof mit Kreuzgängen war seinerzeit epocheprägend. Der blockhafte Hauptbau in feierlicher Monumentalität des späten Jugendstils trägt Plastiken von Georg Wrba, die Schornsteine sind geschickt in zwei Turmansätze integriert. Der überhöhte Denkmalcharakter erinnert an das Grabmal des Ostgotenkönigs Theoderich in Ravenna.

Kreuzkirche (D 5)
An der Kreuzkirche
Altstadt
Tgl. 10–16 Uhr
S: Altmarkt, Prager Straße
Die Kirche wurde von 1764–92 im Widerstreit spätbarocker und früher klassizistischer Auffassungen errichtet. Die Innenaustattung wurde 1945 vernichtet. Erhalten haben sich das bedeutende Geläut mit fünf Glocken und das Altarbild; die Rekonstruktion der weiten dreischiffigen Halle (3500 Plätze) erfolgte in den schlichten Formen von 1900. Sitz des traditionsreichen Kreuzchors; Turmbesteigung.

Kulturpalast (D 5)
Schlossstraße 2, Altstadt
S: Altmarkt
Der strenge, rechteckige Bau von 1967–69 bildet mit der 100 m langen gläsernen Front zur Wilsdruffer Straße den nördlichen Abschluss des Altmarkts (Umbau ist geplant). Die Sockelzone ist aus rotem Marmor gestaltet, fünf Bronzetüren zeigen Motive der Stadtgeschichte. An der Westseite zur Schlossstraße großes Wandbild im Stil des Sozialistischen Realismus: ›Der Weg der Roten Fahne‹. Großer Saal (2400 Plätze). Ticketzentrale an der Ecke Schlossstraße.

Kunstakademie und Ausstellungsgebäude des Sächsischen Kunstvereins (D 4)
Brühlscher Garten 2 b, Altstadt
S: Theaterplatz, Synagoge
Der monumentale Bau des Historismus mit dem reichen Figurenprogramm, 1887–93 von Konstantin Lipsius in Neobarock- und Renaissanceformen errichtet, wirkt recht schwer auf der Brühlschen Terrasse. Leichter schwingt sich die Kuppel (›Zitronenpresse‹) des Kunstvereinsgebäudes mit der geflügelten Figur (Fama bzw. Nike) empor. An der bedeutenden Hochschule der bildenden Künste lehrten u. a. Ludwig Richter, Gottfried Semper, Gotthard Kuehl, Oskar Kokoschka und Otto Dix.

Mozartdenkmalbrunnen (D 5)
Bürgerwiese, Altstadt
S: Walpurgisstraße, Bus: H.-Danker-Straße
Die prächtige Brunnenanlage (Hermann Hosäus, 1907) wurde nach Kriegsschäden kunstvoll restauriert und am 5. Dezember 1991 zu Mozarts 200. Todestag wieder eingeweiht. Eine Stele trägt den Namen Mozarts. Die drei vergoldeten, graziös tanzenden und sehr sinnlichen Frauengestalten verkörpern Anmut, Ernst und Heiterkeit und versinnbildlichen das Beschwingte Mozartscher Musik.

Neuer Landtag (D 4) s. Sächsischer Landtag S. 91

Neues Rathaus (D 5)
Dr.-Külz-Ring, Altstadt
S: Prager Straße, Pirnaischer Platz, Altmarkt
Der Riesenkomplex mit fünf Innenhöfen wurde 1905–10 von Karl Roth und Emil Bräter im Neorenaissancestil mit barocken Zitaten und Anklängen des Ju-

Sehenswert

gendstils errichtet: Treppenhaus mit Kuppelausmalung. Den 98 m hohen Turm (Lift) bekrönt der 5 m große vergoldete Rathausmann von Richard Guhr (der auch das Wagnerdenkmal im Liebethaler Grund schuf), ein Wahrzeichen Dresdens.

Neues Ständehaus (D 4)
Schlossplatz, Augustusstraße
Altstadt
S: Theaterplatz
1900–03 von Paul Wallot, dem Architekten des Berliner Reichstagsgebäudes, für den Sächsischen Landtag am Aufgang zur Brühlschen Terrasse errichtet.

Palais Brühl-Marcolini/Klinikum Friedrichstadt (C 4)
Friedrichstraße, Friedrichstadt
S: Krankenhaus Friedrichstadt, Manitiusstraße
Die 200 m lange Front des Palais zeigt klare Formen von zurückhaltender Noblesse. Der Kernbau stammt vom Beginn des 18. Jh., Umgestaltungen und Erweiterungen im Auftrag von Graf Heinrich von Brühl und Graf Marcolini Mitte bis Ende des 18. Jh. (Seitenflügel und Orangerie), seit 1850 Krankenhaus. Vom 10. Juni bis 15. August 1813 residierte Napoleon im Palais (Treffen mit Fürst Metternich) und Richard Wagner wohnte hier von 1847–49. Etwas versteckt in den Parkanlagen findet sich Dresdens schönste Brunnenanlage, der prächtige, knapp 40 m breite barocke Neptunbrunnen (Z. Longuelune, L. Mattielli). Zugang auch an der Rückseite von der Wachsbleichstraße.

Palais im Großen Garten (F 6)
Hauptallee, Seevorstadt-Ost
S: Comeniusplatz, Querallee, Großer Garten

Das frühbarocke, fein gegliederte Palais, 1678–83 von Oberlandbaumeister Johann Georg Starcke für den Kurprinzen Johann Georg (Ehrentitel ›Sächsischer Mars‹) als Garten- und Lusthaus nach dem Prototyp von Schloss Marly bei Paris erbaut, liegt als Mittelpunkt des Großen Gartens wirkungsvoll in den Blickachsen von Hauptallee, Querallee und Fürstenallee, flankiert von vier (ehedem acht) Pavillonbauten. Die Innenausstattung verbrannte 1945, die Restaurierung dauert noch an (Führungen). Im Erdgeschoss finden bereits Veranstaltungen statt.

Pfunds Molkerei (E 3) s. S. 50

Prager Straße (D 5)
Altstadt
S: Prager Straße, Hbf Nord, Walpurgisstraße
Das großräumige Straßen- und Platzensemble verbindet den Hauptbahnhof mit dem Stadtzentrum. In den 1960er und 1970er Jahren erbaut, ist die Fußgängerzone mit den Großhotels, Kaufhäusern, Geschäften und dem Rundkino UFA-Palast (s. S. 111) heute stark frequentiert.

Rathaus (D 5) s. Neues Rathaus S. 89

Highlight

Residenzschloss (D 4)
Eingang Georgentor, Schlossplatz
S: Theaterplatz
Residenz der sächsischen Wettiner mit langwährender Baugeschichte (beginnend mit Arnold von Westfalen) vom 15. bis zum 20. Jh. Im 17. Jh. erfolgte der Ausbau zur bedeutenden, vierflügligen Renaissanceanlage, die 1945

Sehenswert

schwere Zerstörungen erlitt (z. Zt. noch im Wiederaufbau). Georgentor zum Schlossplatz mit Reiterstandbild Georgs des Bärtigen im Volutengiebel, vom Schlossturm (Hausmannsturm) schöner Blick auf die Altstadt. Schlossausstellung (s. S. 100), Grünes Gewölbe (s. S. 97).

Russisch-orthodoxe Kirche (C 6)
Fritz-Löffler-Straße 19
Südvorstadt
S, Bus: Reichenbachstraße
Die orthodoxe Kirche wurde 1872–74 für die kaiserliche Gesandtschaft am sächsischen Hof erbaut. Die Hauptkirche wird von fünf blauen Zwiebelkuppeln bekrönt, der Zeltdachturm der Vorkirche von einer goldenen Kuppel. Im Inneren Bilderwand (Ikonostasis).

Sächsischer Landtag (D 4)
Bernhard-von-Lindemann-Platz 1
Altstadt
S: Theaterplatz
Den neusachlichen Verwaltungsbau von 1928–31 erweiterte Peter Kulka 1991–94 um den Elbflügel mit dem transparenten, runden Plenarsaal mit Besuchertribüne in ›funktionell-offener, im besten Sinne ›demokratischer‹ Bauweise (BDA-Preis) in der Traditionslinie von Mies van der Rohe, Schwippert, Eiermann und Behnisch als souveräne Weiterführung der Gestaltung des Terrassenufers.

St. Benno-Gymnasium (E 5)
Pillnitzer Straße 39
Pirnaische Vorstadt
S, Bus: St. Benno-Gymnasium
Das moderne, lang gestreckte Schulgebäude wurde 1994-96 von dem renommierten Architektenbüro Günter Behnisch und Partner (Münchner Olympiastadion 1968-73) errichtet. Zur verkehrsreichen Güntzstraße schirmt eine 150 Meter lange blaue Wandscheibe mit unterschiedlich gestalteten Fensteröffnungen ab, die Klassenräume zur Westseite sind terrassenförmig vor- und zurückspringend angelegt. Die spannungsvolle Architektur mit ihrer kräftigen, abwechslungsreichen Farbgestaltung entfaltet im Umfeld eine große Wirkung. Der umstrittene Bau ist eine überzeugende Bereicherung der Dresdner Moderne.

Schauspielhaus (D 4)
s. Staatsschauspiel S. 73

Highlight

Schloss Pillnitz (südöstl. K 6; Sonderkarte)
Bus: Rathaus Pillnitz oder S: Kleinzschachwitz, Bus: Fähre, Personen- und

Die Pillnitzer Kamelie

Im Frühjahr von Ende Februar bis Mitte April erfreut die karminrote Blütenpracht der baumgroßen Kamelie (Camellia japonica) zahllose Besucher. Seit 1780 steht die Kamelie im Schlosspark – inzwischen mit einer Höhe von 8,60 m und einem Umfang von gut 33 m. Von insgesamt vier nach Europa gebrachten Pflanzen ist sie das einzige überlebende Exemplar. Im Winter wird die botanische Rarität von einem großen Gewächshaus mit Besucherumgang geschützt, das in der wärmeren Jahreszeit zur Seite gefahren wird.

Sehenswert

Autofähre nach Pillnitz; Schiffsanlegestelle in Pillnitz rund 200 m flussaufwärts vom Schloss

Trotz langer Bauzeit vollendete barocke Anlage von festlichem Charakter mit einem Hauch fernöstlicher Exotik dank bemalter Hohlkehlen und pagodenförmiger Kamine und Aufsätze auf den gewalmten Dächern, die sich perfekt mit der Elblandschaft verbindet. Im Auftrag Augusts des Starken wurden von Pöppelmann und Longuelune 1720–23 *Wasser-* und *Bergpalais* errichtet, das östliche *Neue Palais* mit dem Fliederhof Anfang 19. Jh. Zur Anlage gehören Schlossgarten, Heckengarten (mit dem Nachbau einer Prunkgondel), Maille-Bahn, Englischer Garten mit Pavillon, Orangerie und Palmenhaus, Holländischer Garten und Chinesischer Garten mit Pavillon. Der Pillnitzer Park bezieht seinen Reiz aus der Verbindung symmetrisch angelegter (Schlossgarten) und natürlich gestalteter Gartenteile (Chinesischer und Englischer Garten). Der Park ist ganzjährig tgl. von 5 Uhr bis zum Anbruch der Dunkelheit geöffnet. Oberhalb des Bergwegs liegt die barocke *Weinbergkirche* (1723-27) von Matthäus Daniel Pöppelmann. Noch höher hat man von den Weinbergshäuschen einen weiten Blick ins Elbsandsteingebirge und zur Altstadt mit der Frauenkirche. Vom Schiff und vom anderen Ufer bietet das Wasserpalais mit der großen Freitreppe einen zauberhaften Anblick. Kunstgewerbemuseum s. S. 98.

Sekundogenitur (D 4)
Brühlsche Terrasse, Altstadt
S: Theaterplatz
Ehemalige Brühlsche Bibliothek und Kunstakademie, Ende des 19. Jh. historisierend umgebaut (Nutzung durch

Sehenswert

Festliche Architektur: Schloss Pillnitz, Wasserpalais mit Freitreppe

den jeweils zweitgeborenen Prinzen). Das gelbe Gebäude mit dem grünen Dach wirkt freundlich-beschwingt zwischen Ständehaus und Kunstakademie. Davor Denkmal des Dresdner Bildhauers Ernst Rietschel (1804–61), Schöpfer des bekannten Goethe-Schiller-Denkmals in Weimar.

Highlight

Semperoper (D 4)
Theaterplatz, Altstadt
S: Theaterplatz
Tagsüber Führungen
Zweites Opernhaus Gottfried Sempers. Semper lieferte 1870 die Pläne aus Wien, sein Sohn Manfred leitete 1871–78 die Bauausführung in den schwereren Formen der Hochrenaissance. Der breit gelagerte, ausschwingende Bau in Rustikagliederung mit der triumphbogenartigen Exedra, gekrönt von einer bronzenen Pantherquadriga mit Dionysos und Ariadne von Johannes Schilling, ist als wirkungsvolle Schaufront der nordwestliche Abschluss des Theaterplatzes. Goethe und Schiller empfangen als Sitzfiguren von Ernst Rietschel den Besucher am Haupteingang. Der Bombenangriff im Februar 1945 zerstörte Sempers Hauptwerk bis auf Teile der Fassaden; nach der historisch getreuen Rekonstruktion konnte das Opernhaus 1985 mit Webers romantischer Oper ›Der Freischütz‹ wieder eröffnet werden. In überwältigender Pracht erstrahlen Zuschauerraum und Bühne, Foyer und Treppenvestibüle.

Stallhof und Langer Gang (D 4)
Altstadt
S: Theaterplatz, Altmarkt
Ende des 16. Jh. Anlage des Stallhofs mit dem prächtigen Arkadengang mit den Wappen der sächsischen Länder und den beiden Bronzesäulen der Ringstechbahn. Hier fanden Ritterspiele und Turniere statt. An der Außenseite (Augustusstraße) befindet sich der Fürstenzug (s. S. 85).

Standseilbahn ((J 4)
Loschwitz, Weißer Hirsch
Bus: Körnerplatz
Von der Talstation am Körnerplatz fährt die 1895 eröffnete Bahn in drei Minuten die rund 550 Meter lange eingleisige Strecke bei einem Höhenunterschied von 95 Metern zur Bergstation im romantisierenden Landhausstil auf dem Weißen Hirsch. Direkt gegenüber befindet sich die beliebte Ausflugsgaststätte Luisen-

Sehenswert

hof, der ›Balkon Dresdens‹ (s. S. 39). Die Fahrt mit einer der ältesten, mehrfach modernisierten Bergbahnen Europas ist einschließlich Tunneldurchfahrt eine zeitlose Attraktion. Täglich 6–23 Uhr, im Berufsverkehr 10-Minuten-Takt, wochentags und sonntags im 15-Minuten-Takt; auch Fahrradbeförderung. Das Maschinenhaus kann man sonntags von 10–15 Uhr besichtigen.

Synagoge (E 4)
Am Hasenberg, Altstadt
S: Synagoge
Am Ort der 1840 von Gottfried Semper erbauten, in der Pogromnacht 1938 niedergebrannten Synagoge stehen seit 2001 die formstrengen Blöcke von Synagoge und Gemeindehaus, ein herausragendes städtebauliches Zeichen an der Nahtstelle zwischen historischer Altstadt und den Plattenbauarealen der Pirnaischen Vorstadt. Die Dresdner Synagoge wurde 2002 als das beste neue Gebäude Europas mit dem ›World Architecture Award‹ ausgezeichnet (Architekturbüro Wandel, Hoefer, Lorch + Hirsch, Saarbrücken/Frankfurt/M.).

Theaterplatz (D 4)
Altstadt
S: Theaterplatz
Bedeutendste Platzanlage Dresdens und eine der schönsten und eigenwilligsten städtischen Räume in Deutschland, hauptsächlich im 19. Jh. aus frei stehenden Einzelbauten gebildet. In der Mitte reitet König Johann von Sachsen (als Dante-Übersetzer unter dem Namen ›Philaletes‹ bekannt) auf figurenreichem Sockel. Nach Südwesten blockhafter Abschluss durch die Sempergalerie, im Nordwesten buchtet sich die Schaufront der Semperoper, die Ostseite schließen die Kathedrale und der Westflügel des Schlosses. Südlich die Altstädter Wache (Schinkelwache); nach Nordosten, zur Elbe, setzte Hans Erlwein den Schlusspunkt mit dem flachen Italienischen Dörfchen (s. S. 87). Abends sind die Gebäude höchst wirkungsvoll angestrahlt; das lockere Bauensemble erlangt dann eine geschlossene Platzform.

UFA-Palast (D 5) s. S. 71

VW-Manufaktur (E 5)
Pirnaische Vorstadt
www.glaesernemanufaktur.de
S: Straßburger Platz
Der große Komplex aus Stahl und Glas mit dem 40 Meter hohen runden Fahrzeugturm an der Nordwestecke des Großen Gartens setzt vor allem abends und nachts futuristische Akzente (Henn Architekten, München/Berlin). Seit Mitte 2001 kann der Kunde die Endmontage seiner Luxuslimousine in edlem Ambiente erleben. Die vorgefertigten Teile werden umweltfreundlich per Güterstraßenbahn vom Logistikzentrum in der Friedrichstadt angeliefert. Der umstrittene Standort hat seit Ende des 19. Jh. Tradition als Dresdner Messe- und Ausstellungsgelände; hier stand u. a. von 1928–38 das legendäre Kugelhaus (seit 2005 nimmt das neue Kugelhaus am Wiener Platz darauf Bezug), ab 1969 fand die große jährliche DDR-Kunstausstellung statt.

Yenidze (C 4)
Weißeritzstraße, Ecke/Magdeburger Straße, Friedrichstadt
S: Maxstraße, Bhf. Mitte
Ist es Traum, ist es Wirklichkeit? Eine Moschee am Elbufer! Der fortschrittliche Dresdner Fabrikant Hugo Zietz ließ sich 1907–12 von Martin Hammitzsch eine Zigarettenfabrik in modernster Stahlbeton-Skelett-Technik errichten (›Yenidze‹ nach einem türkischen Anbaugebiet) –

Sehenswert

besonders werbewirksam in maurisch-mameluckischem Erscheinungsbild. Hammitzsch wurde daraufhin aus der Architektenkammer ausgeschlossen. Der monumentale, fein gegliederte Bau mit einer 62 Meter hohen gläsernen Kuppel und Minaretten (Verkleidung für die Belüftungsschächte und den Schornstein) bietet einen faszinierenden Anblick. Restaurant mit Rundum-Panorama, ›1001 Märchen und Geschichten‹ im Zelt unter der Kuppel (Lift), Dachterrasse.

World Trade Center / WTC (C 5)
Freiberger Straße, Ecke Ammonstraße
Altstadt
S: Freiberger Straße
Zwischen zwei Haupttrakten wird eine über 100 m lange Passage (Mall) von einem gewölbten Glas-Stahl-Dach überwölbt, akzentuiert von einem 53 m hohen Rundturm. Hier befinden sich Haupt- und Musikbibliothek, Komödie Dresden, Hotel Elbflorenz (Tiefgarage).

Highlight
Zwinger (D 4)
Zwischen Ostra-Allee, Sophienstraße und Theaterplatz, Altstadt
S: Postplatz, Theaterplatz
Weltberühmtes spätbarockes Gesamtkunstwerk, Spitzenleistung europäischer Architektur, ein höfischer Festplatz von vollendeter Harmonie und heiterer Eleganz – das Meisterwerk des Oberlandbaumeisters Matthäus Daniel Pöppelmann aus Westfalen (ebenbürtiger Skulpturenschmuck des süddeutsch geprägten Hofbildhauers Balthasar Permoser) im Auftrag Augusts des Starken (1709–32). Die Anlage bilden Langgalerien, Glockenspielpavillon, das elegante Kronentor mit der vergoldeten Königskrone, das intim-verspielte Nymphenbad, gipfelnd im Wallpavillon mit der Figur Augusts des Starken als Herkules Saxonicus. Nach Kriegszerstörungen 1945–63 wiederaufgebaut (Zwingerbauhütte unter Hubert Ermisch). Der Semperbau (**Gemäldegalerie Alte Meister,** s. S. 96, und Rüstkammer) schließt die Anlage zum Theaterplatz.

Museen

Fast alle bedeutenden Museen befinden sich im Stadtzentrum. Zu beachten ist, dass sie unterschiedliche bzw. auch mehrere Schließtage haben.
www.staatl-kunstsammlungen-dresden.de, Tel. 0351/49 14 20 00

Buchmuseum Sächsische Landesbibliothek – Staats- und Universitätsbibliothek (D 7)
Zellescher Weg 18, Südvorstadt
Tel. 0351/4677-580, Fax 4677-701
www.slub-dresden.de
Mo–Fr 10–17 Uhr
Bus: Staats- und Universitätsbibliothek
Informationsstand im Foyer. Zimelienzimmer, u. a. die berühmte Maya-Handschrift (2. Stock).

Carl-Maria-von-Weber-Museum (südöstlich K 6)
Dresdner Straße 44, Hosterwitz
Tel. 0351/261 82 34
www.stmd.de
Mi–So 13–18 Uhr
Bus: Van-Gogh-Straße, Leonardo-da-Vinci-Straße
In der Wirkungsstätte (1818/19, 1822–24) des Komponisten und Dresdner Hofkapellmeisters werden sein Leben und Schaffen vorgestellt. Hier entstanden Teile des »Freischütz« und die Opern »Euryanthe« und »Oberon«.

Sehenswert

Dresden-City-Card

Die 48-Stundenkarte (19 €) gewährt freien Eintritt in die Museen der Staatlichen Kunstsammlungen Dresden und freie Fahrt mit Straßenbahnen, Bussen und Elbfähren der Dresdner Verkehrsbetriebe und den Nahverkehrszügen der Deutschen Bahn im Tarifbereich Dresden.

Deutsches Hygiene-Museum Dresden (D 5)

Lingnerplatz 1, Seevorstadt-Ost
Tel. 0351/484 66 70, Fax 484 65 95
Di–So 10–18 Uhr, öffentliche Führungen Sa, So, Fei 14 Uhr, für Kinder So, Fei 15 Uhr
www.dhmd.de
S: Deutsches Hygiene-Museum, Großer Garten
Dauerausstellung zum »Wunder Mensch«, Sonderausstellungen zu Gesundheit und Körperkultur, zu sozialen und naturwissenschaftlichen Bereichen. Das Hygiene-Museum wurde 1928–30 von Wilhelm Kreis als Vierflügelanlage mit kubischen Mittelbau in funktionaler, sachlicher Bauweise errichtet.

Erich Kästner Museum Dresden (D 3)

Antonstraße 1, am Albertplatz
Innere Neustadt
Tel. 0351/804 50 86, Fax 804 50 87
www.erich-kaestner-museum.de
So–Di 10–18, Mi 10–20 Uhr, Do für Gruppen u. Schulklassen nach Absprache, Fr, Sa geschl.
S: Albertplatz
Im Kleinmuseum in der Villa Augustin kann der Besucher die Welt des Dresdner Schriftstellers spielerisch mit neuester Medientechnologie erforschen. Schöne Gartenanlage mit Kästner-Skulptur auf der Gartenmauer. Lesungen, Theater- und Musikveranstaltungen.

Gedenkstätte Münchner Platz Dresden (C 7)

Georg-Schumann-Bau der TU
George-Bähr-Straße 7, Südvorstadt
Tel. 0351/463 319 90
www.stsg.de
Mo–Fr 10–16 Uhr
S: Münchner Platz
Ehem. Landgericht Dresden: Gedenkstätte für 2000 Opfer des NS-Regimes 1933–45. Bedrückender Todeszellentrakt, Gedenkwand, Denkmalgruppe ›Widerstandskämpfer‹ von Arnd Wittig und Gedenkstele für Georg Schumann.

Gemäldegalerie Alte Meister (D 4)

Semperbau am Zwinger
Theaterplatz, Altstadt
Tel. 0351/491 46 19
Di–So 10–18 Uhr
S: Theaterplatz, Postplatz
Eine der großen Kunstsammlungen der Welt mit Meisterwerken der europäischen Malerei vom 15.–18. Jh. (etwa 750 Werke werden gezeigt). Schwerpunkt liegt auf Hochrenaissance, Barock und dem 18. Jh. Hier kann man Spitzenwerke u. a. von Raffael, Tizian, Rubens, Rembrandt, van Dyck, Vermeer, Murillo, Dürer und Holbein bewundern. Die Veduten Bernardo Bellottos, gen. Canaletto (s. S. 9), zeigen detailgetreue Ansichten des barocken Dresden. Das berühmteste und populärste Gemälde ist Raffaels ›Sixtinische Madonna‹ (1513) mit den beiden spitzbübischen Kinderengeln am unteren Bildrand, die heute überall vielfältig vermarktet werden.

Galerie Neue Meister (D 4)

Albertinum, Brühlsche Terrasse
Altstadt

Sehenswert

Tel. 0351/49 14 20 00
Bis 2009 geschl. Als Interimsquartier für Kabinettausstellungen dient die Gemäldegalerie Alte Meister und die Gläserne Manufaktur (Lennéstraße 1, nach Voranmeldung unter Tel. 01805/89 62 68)
S: Synagoge, Pirnaischer Platz
Hier bezaubern vor allem Werke der deutschen Romantik (Friedrich, Carus, Richter) und des deutschen Impressionismus (Corinth, Liebermann, Slevogt); auch die 1920er Jahre (Dix: »Kriegstriptychon«), Expressionismus und DDR-Kunst nach 1945 sowie zeitgenössische Malerei sind vertreten.

Grünes Gewölbe (D 4)
Residenzschloss, Taschenberg 2
Altstadt
Tel. 0351/49 14 20 00
Mi–Mo 10–18 Uhr
S: Theaterplatz, Postplatz
Weltberühmt ist die märchenhafte Schatzkammer mit 3000 Werken der Goldschmiede- und Juwelierkunst (u. a. »Hofstaat zu Delhi« von Dinglinger).

Kraszewski-Museum (F 2)
Nordstraße 28, Äußere Neustadt
Tel. 0351/804 44 50
Mi–So 10–18 Uhr
S: Nordstraße, Alaunplatz, Bus: Marienallee
Das kleine Museum ist dem polnischen Schriftsteller und Historiker Jozef Ignacy Kraszewski (1812–87) gewidmet, der 20 Jahre in Dresden wirkte.

Kügelgenhaus – Museum der Dresdner Romantik (D 3)
Hauptstraße 13, Innere Neustadt
Tel. 0351/804 47 60
Mi–So 10–18 Uhr
S: Neustädter Markt, Albertplatz
Stimmungsvoll eingerichtete Räume zu Malerei, Dichtung und Musik der Ro-

---

Die Künstlergemeinschaft ›Brücke‹

1905 gründen die Architekturstudenten Ernst Ludwig Kirchner, Erich Heckel, Karl Schmidt-Rottluff und Fritz Bleyl in Dresden die Künstlergemeinschaft ›Brücke‹. 1911 gehen die Künstler nach Berlin. Bereits 1913 löst sich die Gruppierung auf. Im Dritten Reich werden die avantgardistischen Arbeiten der ›Brücke‹ als ›entartet‹ aus den Museen entfernt.
Die Künstlerfreunde malen in freier Natur, bevorzugt an den Moritzburger Teichen – starkfarbig, intuitiv, unkonventionell. Anregungen suchen sie bei der ›primitiven‹ Kunst der Naturvölker Afrikas und Ozeaniens. Landschaften, Akte und städtische Szenen sind ihre Themen; die Suche nach dem Elementaren und die Sehnsucht nach dem Ursprünglichen und Unverfälschten prägen ihre Arbeit. Porträts der Maler finden sich auf dem Holzschnittplakat der ›Brücke‹ von 1909 und auf dem Gemälde ›Eine Künstlergruppe‹, 1926/27 von E. L. Kirchner.
Ihre außergewöhnliche künstlerische Ausdruckskraft ist bis heute unerreicht, ihre Werke gehören zu den wichtigsten Beiträgen zur Kunst des 20. Jahrhunderts und sind in vielen Museen und Sammlungen weltweit zu finden (Brücke-Museum, Berlin; Buchheim Museum, Bernried am Starnberger See; Schleswig-Holsteinisches Landesmuseum Schloss Gottorf, Schleswig, Sädtische Kunstsammlungen, Chemnitz; Kirchner-Museum, Davos). Einige Arbeiten gibt es auch in der ›Galerie Neue Meister‹ in Dresden.

Sehenswert

mantik. Von 1808–20 wohnte hier Gerhard von Kügelgen, bei ihm trafen sich Dichter, Maler und Musiker, u. a. Caspar David Friedrich, Carl Gustav Carus, Ludwig Tieck und Carl Maria von Weber.

Kunstgewerbemuseum (südöstlich K 6)
Schloss Pillnitz
Tel. 0351/49 14 20 00
Mai–Okt. tgl. 10–18 Uhr, Bergpalais Mo, Wasserpalais Di geschl.
Bus: Rathaus Pillnitz
Arbeiten vom Mittelalter bis zur Gegenwart: Möbel, Musikinstrumente, Tapisserien und Lederarbeiten, Glas, Keramik, Majolika und Fayencen sowie modernes Design.

Kupferstichkabinett (E 4)
Residenzschloss, Taschenberg 2
Altstadt
Tel. 0351/49 14 20 00
Mi–Mo 10–18 Uhr
S: Theaterplatz, Postplatz
Mit rund 450 000 Werken vom 15. Jh. bis zur Gegenwart eine der bedeutendsten Sammlungen der Welt: altdeutsche (Dürer, Cranach), niederländische, italienische, englische und französische Grafik.

Landesmuseum für Vorgeschichte Dresden (D 4)
Japanisches Palais
Palaisplatz 11, Innere Neustadt
Tel. 0351/892 66 03
Di–So 10–18 Uhr
S: Palaisplatz
Sächsische Landesarchäologie; Ausstellungen zur Vor- und Frühgeschichte des Menschen in Europa.

Leonhardi-Museum (J 4)
Grundstraße 26, Loschwitz
Tel. 0351/268 35 13
Di–Fr 14–18, Sa, So 10–18 Uhr
Bus: Körnerplatz
Städtische Galerie im ›altdeutschen‹ Fachwerkanwesen des romantischen Malers Eduard Leonhardi (1828–1905), Meisterschüler von Ludwig Richter.

Mathematisch-Physikalischer Salon (D 4)
Zwinger, Eingang Kronentor Ostra-Allee, Altstadt
Tel. 0351/49 14 20 00
Di–So 10–18 Uhr
S: Postplatz
Naturwissenschaftliche Instrumente vom 16.–19. Jh.: Sonnen- und Sanduhren, astronomische Uhren, Erd- und Himmelsgloben.

Militärhistorisches Museum (E 2)
Olbrichtplatz 2, Arsenalgebäude
Albertstadt
Tel. 0351/49 14 20 00
Z. Zt. teilweise geschl., Umbau.
Di–So 9–17 Uhr, Eintritt frei
S, Bus: Stauffenbergallee
Deutsche Militärgeschichte vom 15. bis zum 20. Jh.: Waffen, Munition, Uniformen, Orden und Modelle, im Freigelände Panzer und Flugzeuge sowie Geschütze und ein Stück der Berliner Mauer.

Münzkabinett (D 4)
Residenzschloss, Georgenbau, Schlossstraße 25, Altstadt
Tel. 0351/49 14 20 00
Mi–Mo 10–18 Uhr, Bibliothek und Studiensaal Mi 10–17.30 Uhr
S: Theaterplatz, Postplatz
Das antike und das deutsche Münzwesen bis 1871 werden hier mit über 200 000 Münzen und Medaillen dokumentiert.

Sehenswert

Eindrucksvoll: Dragonervasen in der Porzellansammlung im Zwinger

Museum für Sächsische Volkskunst (D 4)
Jägerhof, Köpckestraße 1
Innere Neustadt
Tel. 0351/49 14 20 00
Di–So 10–18 Uhr
S: Carolaplatz, Neustädter Markt
Schöne Sammlung von Möbeln, Hausrat, Töpferware, Textilien, Trachten, erzgebirgischem Spielzeug und Holzschnitzarbeiten.

Museum für Völkerkunde (D 4)
Japanisches Palais, Palaisplatz 11
Innere Neustadt
Tel. 0351/892 66 03
Tgl. 10–18 Uhr
S: Palaisplatz
Sammlung zu den Kulturkreisen Ost- und Südostasiens, Ozeaniens, Afrikas, des vorderen Orients, Amerikas und Europas.

Porzellansammlung (D 4)
Zwinger, Eingang Glockenspielpavillon, Sophienstraße, Altstadt
Tel. 0351/49 14 20 00
Di–So 10–18 Uhr
S: Theaterplatz, Postplatz
Dresden besitzt die bedeutendste keramische Spezialsammlung der Welt. Porzellan aus Japan und China und vor allem Meissner Porzellan.

Rüstkammer (D 4)
Semperbau am Zwinger
Theaterplatz 1, Altstadt
Tel. 0351/49 14 20 00
Di–So 10–18 Uhr
S: Theaterplatz, Postplatz
Attraktive Schau von Prunk- und Gebrauchswaffen sowie Prunkkleidung des sächsischen Hofes vom 15.–18. Jh.

Schillerhäuschen (J 4)
Schillerstraße 19, Loschwitz
Tel. (über Stadtmuseum) 0351/65 64 86 11, Mai–Sept. Sa, So, Fei 10–17 Uhr
Bus: Körnerplatz
Erinnerungsstätte an Friedrich Schiller, der hier von 1785–87 im Sommer unbeschwert im Weinberghaus der Familie Körner arbeitete (u. a. am »Don Carlos«, »An die Freude«). Im Winter lebte er in einer Stadtwohnung am Kohlmarkt. Es ist unsicher, ob das Garten-

Sehenswert

Zu Lande, zu Wasser und in der Luft: Gefährte im Verkehrsmuseum

häuschen zu Schillers Zeit mit dem heutigen Schillerhäuschen identisch ist.

Schlossausstellung mit Hausmannsturm (D 4)
Georgenbau, Eingang ›Grünes Tor‹
Altstadt
Tel. 0351/49 14 20 00
Di–So 10–18 Uhr, Mo geschl.
S: Theaterplatz
Hausmannsturm April–Okt.
Infos und Führungen:
Tel. 49 14 20 00
Wechselnde Ausstellungen zu den sächsischen Kurfürsten und zur Stadtgeschichte. Vom Hausmannsturm (Lift) schöner Rundumblick auf die Altstadt.

Skulpturensammlung (D 4)
bis 2008: Zwinger, Bogengalerie (Interimsquartier)
Altstadt
Tel. 0351/49 14 20 00
Di–So 10–18 Uhr
S: Postplatz, Theaterplatz
Antike Plastiken, Terrakotta- und Bronzearbeiten aus fünf Jahrtausenden: ägyptische, kretisch-minoische, griechische und römische Kunstwerke sowie Werke von der Spätgotik bis zur Neuzeit.

Stadtmuseum Dresden im Landhaus (D 4)
Altes Landhaus,
Wilsdruffer Straße 2, Altstadt
Tel. 0351/65 64 80
Di–Do 10–18, Fr 12–20, Sa, So 10–18 Uhr
S: Pirnaischer Platz
Städtische Galerie Dresdens mit sächsischen Malern der Romantik bis zur Gegenwart. Ausstellung zur Frauenkirche. Sept. 2006 Eröffnung der neu gestalteten Ausstellung zur Dresdner Geschichte. Modelle von Bauwerken und der Stadtanlage, schöne Stadtansichten. Der stattliche Bau mit dem wunderbaren Treppenhaus wurde 1770–76 von F. A. Krubsacius in spätbarocken Formen für die sächsischen Landstände errichtet.

Technische Sammlungen der Stadt Dresden (H 6)
Junghansstraße 1–3
Striesen

Sehenswert

Tel. 0351/488 72 01
www.tsd.de
Di–Fr 9–17, Sa, So 10–18 Uhr
S: Pohlandplatz, Gottleubaer Straße
Technik- und Industriegeschichte in den ehem. Ernemann-Werken, einem imposanten Industriedenkmal aus dem Jahre 1916 (Turmbesteigung).

Verkehrsmuseum (D 4)
Johanneum, Auguststraße 1,
am Neumarkt, Altstadt
Tel. 0351/864 40
www.verkehrsmuseum.sachsen.de
Di–So 10–17 Uhr
S: Altmarkt
Beeindruckende historische Originale und Modelle, die sich zu Lande, zu Wasser und in der Luft bewegt haben. Besonders interessant für Kinder und Jugendliche.

Parks & Friedhöfe

Highlight 12

Großer Garten (E/F 6)
S: Straßburger Platz, Großer Garten, Lennéplatz, Comeniusplatz, Querallee
Größter und schönster Park Dresdens (in der Ausdehnung vergleichbar mit dem Berliner Tiergarten und dem Londoner Hyde-Park). Die riesige grüne Oase liegt inmitten der Großstadt und reicht mit dem Blüherpark und der Bürgerwiese bis an die Altstadt. Kurfürst Johann Georg III. ließ die Anlage von Oberlandbaumeister Johann Friedrich Karcher als symmetrischen französischen Garten anlegen; später in den Randbereichen zum englischen Park umgeformt, heutige Gestalt vom Ende des 19. Jh. durch J. C. F. Bouché (seit 1814 öffentlich zugänglich). Mit der Parkeisenbahn kann man den Großen Garten auf dem 5,6 km langen Rundkurs bequem erkunden (ab Bahnhof Herkulesallee, direkt hinter der Manufaktur von VW, Mitte April bis Ende Okt.; mehrere Haltepunkte). Zoologischer Garten (s. S. 75), Botanischer Garten, Parktheater, frühbarockes Palais (s. S. 90) am Palaisteich, Mosaikbrunnen (1926) von Hans Poelzig, Puppentheater ›Sonnenhäusl‹ (s. S. 75), Freilichtbühne und das beliebte Ausflugslokal ›Carolaschlösschen‹ (s. S. 38).

Waldpark (G/H 4)
S: L.-Glatzer-Straße, Königsheimplatz
Ruhige Parkanlage mitten in Blasewitz zwischen Loschwitzer Straße und Goetheallee. Die Gestaltung des Waldparks erfolgte Mitte des 19. Jh. Umgeben ist er von besonders gediegener Villenbebauung der Gründerzeit.

Alter Katholischer Friedhof (C 3)
S: Krankenhaus Friedrichstadt
Der bedeutendste katholische Friedhof Sachsens (1720) besitzt noch Grabdenkmäler des Barock, Rokoko und Klassizismus. Hier wurden u. a. Carl Maria von Weber, Balthasar Permoser, Gerhard von Kügelgen und Friedrich Schlegel beigesetzt (Lageplan am Eingang erhältlich).

Trinitatisfriedhof (F 4)
S: Trinitatisplatz, Blasewitzer-/Fetscherstraße
In Johannstadt befinden sich die Gräber von C. D. Friedrich, C. G. Carus und E. Rietschel; das bedeutende Krematorium (s. S. 88) von Fritz Schumacher (1910/11, Jugendstil) steht auf dem **Johannisfriedhof** (J 6, S: Schlömilchstraße) in Tolkewitz.

Ausflüge

Meißen, Blick vom Turm der Frauenkirche auf Albrechtsburg und Dom

Rund um Dresden

Die abwechslungsreiche Landschaft im oberen Elbtal mit zahlreichen reizvollen Zielen lädt den Besucher zu kürzeren oder auch längeren Aufenthalten geradezu ein. Alle Sehenswürdigkeiten sind in kurzer Zeit mit dem Auto, Bahn oder Bus zu erreichen. Den Abschnitt zwischen dem Weinort Diesbar-Seußlitz und Schmilka an der tschechischen Grenze kann man bequem und geruhsam auch mit dem Elbdampfer ansteuern.

Elbabwärts liegt **Meißen,** die älteste Stadt Sachsens. Großartig thronen Dom (April–Okt. 9–18, Nov.–März 10–16 Uhr) und Albrechtsburg (März–Okt. 10–18, Nov.–Feb. 10–17 Uhr) über der Altstadt: Rund 1000 Häuser stehen unter Denkmalschutz. Der schönste Blick über die Altstadt auf Dom und Albrechtsburg bietet sich vom 42 m hohen Turm der Frauenkirche (193 Stufen, Mai–Okt. tgl. 10–12, 13–17 Uhr). Sehenswert ist auch die weltberühmte älteste europäische Porzellanmanufaktur, die hier seit 1710 ihren Sitz hat (Schauhalle und Schauwerkstatt tgl. 9–17/18 Uhr. S-Bahn von Dresden 40 Min.

Das schmucke barocke **Jagdschloss Moritzburg** Augusts des Starken liegt in einer lieblichen Wald- und Teichlandschaft (März–Okt. tgl. 10–17, Nov.–Feb. tgl. 10–16 Uhr; Rundgänge 10, 11, 13, 14, 15 und 16 Uhr). Östlich am Großteich befinden sich Fasanenschlösschen und ein kleiner Hafen mit Leuchtturm, nördlich das Hellhaus (ehem. Jagdbelvedere). Im Ort können wir das Käthe Kollwitz Haus (Rüdenhof) besuchen (April–Okt. Mo–Fr 11–17, Sa, So 10–17 Uhr, Nov.–März Di–Fr 12–16, Sa, So 11–16 Uhr). Im Sommer finden Schlosskonzerte statt, im September die berühmte Moritzburger Hengstparade.

In **Radebeul** an den Lößnitzhängen locken das Sächsische Staatsweingut Schloss Wackerbarth mit Park und Belvedere (die moderne Produktionsanlage und die besondere Eventkultur sind einzigartig in der deutschen Weinbaulandschaft; Weinführungen, Gasthaus, Mo–Fr 12–22, Sa, So 10–22 Uhr, Markt tgl. 9.30–20 Uhr) und das malerisch gelegene Schloss Hoflößnitz (WeingutMuseum Di–Fr 10–13, 14–18, Sa, So 10–18 Uhr). Reizvoll, aber anstrengend ist der Aufstieg in den Weinbergen über die steile Spitzhaustreppe (397 Stufen) zum Bismarckturm und zum Spitzhaus (Gaststätte, schöner Biergarten mit Blick übers Elbtal). Nicht nur für Kinder interessant ist das Karl-May-Museum mit der Villa Shatterhand und dem Blockhaus Villa Bärenfett (März–Okt. Di–So 9–17.30, Nov.–Feb. Di–So 10–15.30 Uhr). Die Grabstätte des Reiseschriftstellers (1842–1912) in Form eines klei-

Ausflüge

nen griechischen Tempels befindet sich auf dem Friedhof Radebeul-Ost.

Freital war Zentrum eines Steinkohlereviers und führender Industriestandort im 19. Jh. (Bergbautechnik). Über Geschichte und Technologie des Bergbaus wird im Museum Haus der Heimat in Schloss Burgk informiert, sehenswert ist auch die Sammlung von rund 500 Gemälden Dresdner Künstler aus der ersten Hälfte des 20. Jh. (Altburgk 61, Di–Fr 13–16, Sa, So 10–17 Uhr). In der Sächsischen Porzellan-Manufaktur in Freital-Potschappel gibt es Mo–Fr Führungen jeweils 11 und 14 Uhr (Carl-Thieme-Straße 16, 01705 Freital, Tel. 0351/64 71 30, Fax 649 21 81, www.dresdner-porzellan.de. 8 km südwestlich von Dresden im Weißeritztal.

Wer etwas mehr Zeit hat, kann ins *Müglitztal* zum **Schloss Weesenstein** fahren, einem malerisch auf einem Felssporn sitzenden reizvollen Architekturensemble mit barockem Schlosspark (April–Okt. tgl. 9–18, Nov.–März 10–17 Uhr), oder zum **Barockgarten Großsedlitz** (April–Sept. 8–20, Okt. 8–18, Nov.–März 8–16 Uhr). August der Starke konnte seine hoch fliegenden Planungen nach französischem Vorbild wegen Geldmangels nicht verwirklichen. Obwohl unvollendet, ist Großsedlitz eine der großen deutschen barocken Parkanlagen (Friedrichsschlösschen, Orangerien, Freitreppenanlage ›Stille Musik‹, Skulpturen).

Sehenswert ist auch die **Burg Stolpen**. Die ursprüngliche Anlage geht bis zum Beginn des 12. Jh. zurück, mehrere Jahrhunderte gehörte sie den Bischöfen von Meißen, Napoleon ließ die Burg vor seinem Rückzug sprengen. Von der 220 m langen Festung blieben Mauern, Festungstor, mehrere Türme und Burgkapelle erhalten. Gräfin Anna Constance von Cosel, Mätresse Augusts des Starken, war hier 28 Jahre in Haft, danach lebte sie freiwillig bis zu ihrem Tod in der Festung, die letzten Jahre im Johannisturm (Coselturm) (April–Okt. 9–18 Uhr, Nov.–März 10–16 Uhr). Schöne Fernsicht vom Fürstenplatz und vom Siebenspitzenturm. Die Altstadt unterhalb der Burg steht unter Denkmalschutz. Knapp 30 km östlich von Dresden, über die B 6.

Die Altstadt von **Pirna** erlitt im Zweiten Weltkrieg keine Zerstörungen; sehenswert sind zahlreiche Bürgerhäuser, der Markt mit Rathaus und Canalettohaus (in der Galerie Alte Meister gibt es mehrere Stadtansichten Canalettos) und die spätgotische Stadtkirche St. Marien mit dem gewaltigen Dach; berühmt sind im Hallenlanghaus die dekorativen Stern- und Netzgewölbeformen. Rund 20 km südöstlich, S-Bahn.

Dorfanger Altkötzschenbroda

Der baumbestandene Dorfanger von Altkötzschenbroda ist mit seinen farblich schön abgestimmten giebelständigen Häusern denkmalpflegerisch gelungen restauriert. Restaurants, Biergärten, Cafés, Boutiquen, Galerien und Werkstätten laden ein zum Flanieren, Genießen und Kaufen. Im Frühjahr finden die Kultur- und Kneipennächte statt, und am vorletzten Septemberwochende lockt das traditionelle Herbst- und Weinfest. www.sachsenwein.de, www.radebeul.de. Straßenbahnlinie 4 von Dresden bis Haltestelle Moritzburger Straße oder S-Bahn bis Haltestelle Bhf. Radebeul-West.

Ausflüge

Elbsandsteingebirge

Pirna ist das Tor zum Elbsandsteingebirge, berühmt als **Sächsische Schweiz**, seit die Schweizer Maler Anton Graff und Adrian Zingg im 18. Jh. deren landschaftliche Reize entdeckten; auch Maler der Romantik wie Caspar David Friedrich oder später Ludwig Richter fanden hier ihre Motive. Eiszeit und Verwitterung schufen eine vielgestaltige Felsenwelt (heute teils als Nationalpark geschützt), wie z. B. Schrammsteine, Affensteine, Lilienstein, Pfaffenstein, ein Dorado für Naturfreunde, Wanderer und Kletterer.

Unsere Reise geht an der *Stadt Wehlen* vorbei, dann folgt *Kurort Rathen* mit dem **Basteimassiv** und der **Basteibrücke.** Mehrere Aussichtspunkte bieten überwältigende Blicke ins Elbtal, sind aber nur etwas für Schwindelfreie (gilt besonders für die *Felsenburg Neurathen*). Zu Fuß geht es von Rathen durch den Wehlgrund auf die Bastei (steil, Felsstufen, ca. 1 Std.) oder Anfahrt von Lohmen über die Basteistraße. S-Bahn bis Oberrathen, großer Parkplatz, Elbfähre; im Ort keine Parkplätze.

Nach der Elbschleife mit dem 412 m hohen Lilienstein erreichen wir das Städtchen **Königstein.** Die riesige **Festungsanlage,** eine der größten Deutschlands, wurde militärisch nie bezwungen. In einem langen Spaziergang kann man entlang der Festungsmauer das Plateau umrunden – mit großartigen Blicken in alle Himmelsrichtungen

Ausflüge

Blick von der Bastei bei Rathen, im Hintergrund der Lilienstein

rahmt. Von der Haltestelle Stadtpark fährt die **Kirnitzschtalbahn** (seit 1898) 8 km zum Endpunkt Lichtenhainer Wasserfall (ca. 30 Min, Mai–Okt. 9.30–18 Uhr alle 30 Min., Nov–Apr. alle 70 Min; Gaststätte). Das kleine *Schmilka* ist der letzte Ort auf deutscher Seite; auf tschechischer Seite liegt Hřensko/ Herrnskretschen.

Imposant thront die **Burg Hohnstein** auf einem Felsen 140 m über dem *Polenztal* mit seinen bis zu 100 m hohen Felswänden. 1443 vom Kurfürstentum Sachsen erworben, ist sie heute NaturFreundehaus (Museum, Aussichtsturm, Burgcafé). Das Städtchen drängt sich mit seinen Fachwerkhäusern, Stadtkirche, Rathaus und Stadtapotheke malerisch um den Burgfelsen (vom Polenztal Serpentinenauffahrt).

– sowie Gebäude und Museen (Georgenburg, Altes und Neues Zeughaus, Schatzhaus der Wettiner, Magdalenenburg, Friedrichsburg, Garnisonskirche) einschließlich des 152,5 m tiefen Brunnens besichtigen (April–Sept. 9–20, Okt. 9–18, Nov.–März 9–17 Uhr; Personenaufzug). Ein schöner Wanderweg (Latzweg) führt vom Städtchen Königstein (wenig Parkplätze) an der Südseite der Festung nach oben (ca. 3/4 St.) Kürzer und bequemer geht es vom großen Parkplatz nahe der B 172 aus Richtung Dresden (ca. 33 km); von hier und von der Stadt Festungsexpress.

Es folgt **Bad Schandau**, seit dem 19. Jh. beliebter Kur- und Erholungsort, im Hintergrund höchst malerisch von der imposanten Schrammsteinkette ge-

Felsenbühne Rathen

Durch den Wehlgrund wandert man vom Kurort Rathen zur wildromantisch gelegenen Felsenbühne unterhalb des Basteimassivs, eine der schönsten Freilichtbühnen Deutschlands. Die 1936 eröffnete Naturbühne umfasst 2000 Sitzplätze. Der Komponist Carl Maria von Weber soll hier zu seiner bekannten Wolfsschluchtszene im ›Freischütz‹ angeregt worden sein. Die Sächsischen Landesbühnen spielen in der Saison (Mai-September) Opern, Operetten, Musicals sowie Stücke von Karl May wie die nicht nur bei Kindern und Jugendlichen beliebten Winnetou-Inszenierungen (www.felsenbuehne-rathen.de).

Extra-

Fünf Spaziergänge in Dresden
1. Fast in alter Pracht: Elbflorenz
2. Neubarock, Plattenbau und Postmoderne – Vom Altmarkt zum Wiener Platz

Alle Touren sind auf dem großen Faltplan eingezeichnet

Touren!

3. Vom Aussteiger- zum Szeneviertel – Die Äußere Neustadt
4. Dresden nobel – Loschwitz und Weißer Hirsch
5. Gelebte Utopie – Hellerau, die erste deutsche Gartenstadt

Festlicher Glanz im Zwingerhof

Tour 1

Fast in alter Pracht: Elbflorenz

Zerstörung und Wiederaufbau

Wie in kaum einer anderen deutschen Stadt drängen sich in Dresden bedeutende Bauwerke der Renaissance, des Barock und des Klassizismus, berühmte Museen, Denkmäler und Brunnen auf engem Raum und unmittelbar an der Elbe.

Nach der vollständigen Zerstörung der Altstadt im Zweiten Weltkrieg konnten in den folgenden Jahrzehnten in langwierigen Arbeiten die bedeutendsten historischen Zeugnisse wiederaufgebaut werden, und noch vor dem 800-jährigen Stadtjubiläum 2006 setzt bereits die dominierende Kuppel der Frauenkirche wieder ihren unverwechselbaren Akzent im Stadtbild.

Rund um den Theaterplatz

Es bietet sich an, einen Rundgang im **Zwinger** (s. S. 95) zu beginnen. Vom Glockenspielpavillon überblickt man den großzügigen ehemaligen höfischen Festplatz. Im Zwinger bestechen die Eleganz und Großzügigkeit der barocken Anlage M. D. Pöppelmanns und Balthasar Permosers – mit Kronentor mit Langgalerie, Mathematisch-Physikalischem Salon, Wallpavillon und dem zauberhaften Nymphenbad (eine Kopie des Zwingers – in Originalgröße – gibt es im Porzellan-Park von Arita/ Japan). Sempers Galeriebau beherbergt die Gemäldegalerie Alte Meister (s. S. 96), eine exquisite Sammlung europäischer Malerei des 15.–18. Jh.

Der Durchgang in der Sempergalerie führt zum **Theaterplatz** (s. S. 94), einem der schönsten deutschen Plätze, hoheitsvoll markiert vom Reiterstandbild König Johanns von Sachsen. Der Platzraum wird gebildet von der prächtigen Front der Semperoper, der lang gestreckten Sempergalerie, dem Westflügel des Residenzschlosses, der Kathedrale, dem Italienischen Dörfchen zur Elbe sowie Schinkels Altstädter Wache.

Das **Taschenbergpalais,** von Kurfürst August dem Starken für seine Mätresse Gräfin Anna Constanze von Cosel erbaut, wurde in kürzester Zeit (dank Investorenschub) in originalgetreuer barocker Gestalt wiederaufgebaut (heute Luxushotel Kempinski Taschenbergpalais, s. S. 31).

Das ehemalige **Residenzschloss** der wettinischen Herrscher, eine große, vierflügige Renaissanceanlage, befindet sich noch im Wiederaufbau (s. S. 90). Das Schloss beherbergt das Grüne Gewölbe (s. S. 97), die ehemalige Schatzkammer Augusts des Starken (Glanzstück ist der kostbare Tafelaufsatz ›Der Hofstaat zu Delhi zum Geburtstag des Großmoguls Aureng-Zeb‹ von Hofgoldschmied J. M. Dinglinger) sowie das Kupferstichkabinett und das Münzkabinett. Der Georgenbau leitet über zum Langen Gang des Stallhofs. Gehen wir an seiner Außenseite entlang, können wir in der Augustusstraße den **Fürstenzug** bestaunen, ein 102 m langes Wandbild aus Meissner Porzellanfliesen, das die 800-jährige Geschichte des sächsischen Herrscherhauses präsentiert (s. S. 85).

Die katholische **Hofkirche** (heute Kathedrale; s. S. 87) mit dem eleganten Turm wurde Mitte des 18. Jh. von Gaetano Chiaveri als größte Kirche Sachsens erbaut. In der Gruft befinden sich Sarkophage der Wettiner.

Spazieren auf dem ›Balkon Europas‹

Über die große Freitreppe mit den Figurengruppen der vier Tageszeiten gelangt man zur **Brühlschen Terrasse,** auf den ›Balkon Europas‹ (s. S. 84). Die ehemaligen Festungsanlagen (Mitte 16. Jh.) wurden bis zum Beginn des 20. Jh. mit dem Ständehaus, der Sekundogenitur, der Kunstakademie und dem Kunstvereinsgebäude (›Zitronenpresse‹) ausgebaut.

Im östlich anschließenden **Brühlschen Garten** finden wir den barocken Delfinbrunnen, zwei Sphinxgruppen, eine moderne Böttgerstele (1982), ein abstrahiertes Caspar-David-Friedrich-Denkmal sowie unterhalb der Ecke der Terrassenmauer das Moritzmonument von Hans Walther II. Gegenüber steht der kubische Block der neuen Dresdner **Synagoge** (s. S. 94).

Zum Brühlschen Garten schließt sich das **Albertinum** an. In dem stattlichen Neorenaissancebau befinden sich normalerweise die Skulpturensammlung und die Galerie Neue Meister (s. S. 83, 96). Wer in die Unterwelt möchte, kann dies hier tun: die eindrucksvollen **Festungsanlagen** (Kasematten) unter der Brühlschen Terrasse sind vom Georg-Treu-Platz zugänglich (s. S. 85).

Am stattlichen **Coselpalais,** 1999 wiedererrichtet, vorbei gelangen wir zur **Frauenkirche** (s. S. 85) am **Neumarkt.** Man kann aber auch über die Treppenanlagen zur belebten Münzgasse absteigen. Nord- und Westseite des Neumarkts beherrschen das **Johanneum** (Verkehrsmuseum s. S. 88) und das neue Quartier I, die Südseite das Steigenberger Hotel de Saxe. Mit den Quartieren I bis VIII wird der Neumarkt enger gefasst und den historischen Raumverhältnissen nachempfunden.

Stimmungsvolles Elbflorenz

Geht man abends oder nachts über die Augustusbrücke, den Theaterplatz oder die Brühlsche Terrasse, entfaltet sich der besondere Zauber des einstigen Elbflorenz. Wer diese unvergessliche Stimmung erlebt hat, wird sicher gern zu einem weiteren Besuch in die sächsische Landeshauptstadt kommen.

Tour-Info

Startpunkt: Zwinger (Glockenspielpavillon oder Kronentor)
Endpunkt: Neumarkt
Dauer: ca. 45 Min. (ohne Museumsbesuch)
Unterwegs einkehren: Cafés und Bistros am Wege (Brühlsche Terrasse, Münzgasse, Grand Café Coselpalais)
Beste Zeit: tagsüber (mit Besuch von Museen, Zwinger, Frauenkirche); sehr stimmungsvoll als abendlicher Rundgang

Heute eine beliebte Einkaufsmeile: die Prager Straße

Tour 2

Neubarock, Plattenbau und Plattenbau – Vom Altmarkt zum Wiener Platz

Neubarocke Formgebung: der Altmarkt

Ein Gang vom Altmarkt über die Seestraße zur Prager Straße und bis zum Wiener Platz und zum Hauptbahnhof zeigt die Stadtentwicklung anhand verschiedener Stilepochen ab den frühen 1950er Jahren.

Nach der vollständigen Zerstörung des Stadtzentrums im Februar 1945 wurde die einstige historische Straßen- und Platzgestaltung nicht wieder aufgenommen, sondern unter sozialistischen Vorzeichen die Straßen- und Platzgefüge vergröbernd erweitert, so der Altmarkt und die Wilsdruffer Straße (damals Ernst-Thälmann-Straße) als Aufmarsch- und Paradeflächen für Mai-Kundgebungen.

Bei der siebengeschossigen Bebauung (H. Schneider, J. Rascher) der Ost- und Westseite des **Altmarkts** (s. S. 83) der frühen 50er Jahre wurde an die barocke Tradition Dresdens mit durchaus aufwändiger und qualitätvoller Bauweise angeknüpft. Sandstein-Putzfassaden mit Erkern, Balustraden, Lisenengliederung, Dachgauben und vor allem durchlaufende Arkadengänge mit Geschäften und Cafés beleben den Platz. Besonders die Kopfbauten zur Wilsdruffer Straße zeigen sich reich gegliedert und risalitartig betont mit Portalvorbau und Segmentbogen-Giebelfeld (in Anlehnung an das barocke Alte Rathaus nach Plänen von Johann Christian Knöffel, das bis zur Zerstörung 1945 an der Nordwestecke stand). An der Westseite führt ein Durchgang über einen abwechslungsreich gestalteten Innenhof zum modernen Einkaufszentrum ›Altmarkt Galerie‹ (s. S. 50) und weiter zur Wallstraße, ehemals der Fußgängerbereich Webergasse.

Den Geist der späten 1960er Jahre verkörpert der vergleichsweise flache **Kulturpalast** (s. S. 89) an der Nordseite, streng in Granit mit einer Vorhangfassade aus Glas und Aluminium gestaltet. Mit abendlicher Beleuchtung wirkt er jedoch recht einladend. Bereits 1952 gab es den ersten Architekturwettbewerb zur sozialistischen Umgestaltung von Altmarkt und Ernst-Thälmann-Straße (Wilsdruffer Straße). Die SED-Parteiführung forderte vehement ein dominantes Turmhaus als politisch-kulturelles Zentrum und neues Herrschaftssymbol. Diese Pläne wurden jedoch nicht realisiert. Im Zuge der Rekonstruktion des Neumarkts ist eine Neugestaltung des Kulturpalasts in Planung.

Inzwischen hat man sich den historischen Maßen wieder angenähert: In Höhe der Kreuzkirche erhielten der Altmarkt auf der Südseite und die Seestraße bis zum Dr.-Külz-Ring eine Blockbebauung.

Über die schmale Seestraße (Geschäfte mit gehobenem Anspruch), Dr.-Külz-Ring und Waisenhausstraße erreicht man die **Prager Straße** (s. S. 90), vor dem Krieg die eleganteste Geschäfts- und Flanierstraße Dresdens. Von ihrer Pracht ist nach den Kriegszerstörungen nichts überkommen. Die zeitgemäße Front des Kaufhauses Karstadt (1993–95; s. S. 53) nimmt die Blockrandbebauung und den historischen Straßenverlauf wieder auf. Der Bau der 90er Jahre ist gleichsam ein verspätetes Bindeglied zur sozialistischen Großraumgestaltung der Prager Straße.

Sozialistische Platzraumgestaltung: Prager Straße

Das ausgedehnte Straßen- und Platzensemble der 1960er und 1970er Jahre – eine ähnliche Stadtplanung gab es bereits mit der Rotterdamer Lijnbaan der frühen 50er Jahre – wird vom ehemaligen Warenhaus Centrum mit der metallischen Prismenfassade (heute Karstadt), dem Rundkino Ufa-Palast, drei quer gestellten Hotelhochhäusern und dem 240 m langen Ostriegel gebildet. Die Neugestaltung ganz ohne Querstraßen ist ein Bruch der städtebaulichen Tradition. Brunnenanlagen und Pergolagänge, Geschäfte und gastronomische Betriebe beleben tagsüber diesen Stadtraum, abends wird es jedoch recht ruhig.

Mit dem neuen Kaufhaus und Bürogebäude *Wöhrl Plaza* ergänzt bzw. verunklart ein postmoderner Bau die ursprüngliche Anlage. Mit *Ferdinandhof* und *Florentinum*, Einkaufszentren für den gehobenen Bedarf, wurde die Bebauung weiter verdichtet. Neben dem inzwischen etwas behäbig wirkenden Kino-Rundling *Ufa-Palast* (Gerhard Landgraf und Waltraud Heischkel) aus den Jahren 1970–72 setzt die hypermoderne, kantige Glas- und Stahlkonstruktion des Ufa-Kinozentrums *Kristallpalast* (COOP Himmelb(l)au; s. S. 71) zur St. Petersburger Straße ein städtisches Zeichen der ausgehenden 90er Jahre. Das *Hotel Mercure Newa* (größtes Hotel der Stadt), ein vierzehngeschossiges Scheibenhochhaus, setzt den vorläufigen Schlusspunkt mit weiteren, seitlich versetzten Punkthochhäusern am Wiener Platz (langjährige Großbaustelle). Auf der Freifläche stand bis zur politischen Wende ein Lenindenkmal. Hier ist eine neue attraktive Platzgestaltung in verdichteter Anordnung und Mischfunktion im Bau, ebenso ist der *Hauptbahnhof* in Neugestaltung (Pritzkerpreisträger Sir Norman Foster). Neueste städtebauliche Verbindungsstücke von der Prager Straße zum Hauptbahnhof sind der langgestreckte Glas-Stahl-Bau (Prager Spitze) an der Petersburger Straße und vor dem Hauptbahnhof das neue *Kugelhaus* (es nimmt Bezug auf das erste Dresdner Kugelhaus, das von 1928–38 auf dem Messegelände am Großen Garten stand).

Tour-Info

Startpunkt: Altmarkt
Endpunkt: Wiener Platz (Hbf)
Dauer: ca. 30 Min.
Beste Zeit: tagsüber (dann sind Altmarkt, Seestraße und Prager Straße belebt)
Einkehrmöglichkeiten: Café Kreutzkamm, Café Borowski, Kugelhaus

Tour 3

Szenigbunt und alternativ: die Äußere Neustadt

Vom Aussteiger- zum Szeneviertel – Die Äußere Neustadt

Alternativ und bunt

Das Terrain zwischen Königsbrücker Straße, Bautzner Straße und Bischofsweg ist das größte geschlossene Gründerzeitviertel in Deutschland. Der Stadtteil ist weitgehend im Vorkriegszustand erhalten, die Bausubstanz war jedoch von jahrzehntelangem Verfall geprägt. Hier fanden sich Alternative, Unangepasste, Verweigerer und Aussteiger in den 1970er und 1980er Jahren – all diejenigen, die sich nicht ins sozialistische Raster fügen wollten oder konnten –, besetzten in den letzten Jahren der DDR leer stehende Häuser. Die Nischenkultur wurde von der Staatsmacht teils geduldet und ignoriert, aber auch infiltriert. Nach der Wende 1989 wurde in der ›Bunten Republik Neustadt‹ ein langfristiger Sanierungsplan erstellt, und so wird heute überall kräftig gebaut und saniert. Schöne Beispiele sind das 1894 eröffnete Nordbad (s. S. 78) und die Kunsthofpassage (s. S. 55).

Der Ausgehlustige findet zahllose Restaurants, Kneipen, Bistros und Cafés, zu denen ständig Neueröffnungen hinzukommen, aber auch Geschäfte, Boutiquen, Buchhandlungen und Galerien, Kultur- und Sozialeinrichtungen. Der vorgeschlagene Bummel kann nur einen Teil der Szenelokale erfassen; man sollte wiederkommen und weiteres probieren. Eine polizeiliche Sperrstunde (für Innenräume) gibt es in Dresden nicht.

Mitten durchs Viertel: Alaunstraße und Louisenstraße

Unser Ausgangspunkt soll praktischerweise der Verkehrsknotenpunkt **Albertplatz** (s. S. 82) sein (Straßenbahnlinien 3, 6, 7, 8, 11). Wir gehen nach rechts in die Bautzner Straße, linker Hand der Tempietto (artesischer Brunnen, 1912 von Hans Erlwein), rechter Hand die stattliche neubarocke Villa Eschebach (1901). An der Ecke Bautzner-/Alaunstraße steht das originelle *Kästner-Bücher-Denkmal*. Erich Kästner wurde am 23. Februar 1899 in der Königsbrücker Straße geboren. Populär wurde er u. a. durch ›Emil und die Detektive‹ (1928), ›Das fliegende Klassenzimmer‹ (1933) und die ›Doppelte Lottchen‹ (1949). Er kämpfte unermüdlich gegen verlogene bürgerliche Moral, Intoleranz und Engstirnigkeit. 1951 war er Mitbegründer des Kabaretts ›Die kleine Freiheit‹ in München. Sein Lebensmotto: »Es gibt nichts Gutes, außer: Man tut es!« ist so zeitlos wie aktuell. Eine Gedenktafel an seinem Geburtshaus Königsbrücker Straße 66 erinnert an den Schriftsteller.

Wir gehen die **Alaunstraße** nach Norden; sie durchmisst auf 900 m Länge das gesamte Viertel bis zum Alaunplatz. Kurz vor der Ecke Louisenstraße folgt rechts das Kulturzentrum Scheune (s. S. 74). Es besteht bereits seit den 1950er Jahren; beliebt ist das Scheunecafé mit Biergarten.

An der Ecke **Louisenstraße** geht es nach rechts. Das farbenfrohe Eckhaus mit den großen Fensterfronten ist das mexikanische Restaurant Espitas. Im Hinterhof (Nr. 47) befindet sich das Projekttheater (s. S. 72). Dann biegen wir rechts in die Rothenburger Straße ein und wieder links in die schmale **Böhmische Straße.** Rechts finden wir Oskar, die stimmungsvolle Filmkneipe, und das beliebte Raskolnikoff.

Am *Martin-Luther-Platz* mit repräsentativer gründerzeitlicher Bebauung und der neugotischen Martin-Luther-Kirche (1883–87) vorbei biegen wir rechts in die *Pulsnitzer Straße* ein (links Alter Jüdischer Friedhof von 1751 bis 1868 genutzt, der älteste Sachsens; Besichtigungsmöglichkeit über das Jüdische Zentrum Hativka, Pulsnitzer Straße 10, Tel. 0351/802 04 89), dann scharf nach links auf die viel befahrene **Bautzner Straße.** In Nr. 79 residiert *Pfunds Molkerei* (1892) – ›der schönste Milchladen der Welt‹ – mit reizvoller Jugendstilausstattung (s. S. 50).

Über den Hof (Durchgang) erreichen wir die *Prießnitzstraße*. In den alten Gebäuden von Pfunds Molkerei entstand ein attraktives Ensemble mit dem Backstage Hotel, der Cocktailbar Zora und dem Travestie-Revuetheater C`arte Blanche (alle Nr. 12). An der Ecke Louisenstraße folgt das Stadtteilhaus, dann geht es links in die **Louisenstraße** mit dem Hostel Mondpalast (s. S. 27), den Kneipen Caffè & Bar Blumenau, Max und Papillon. Wir können rechts in die **Görlitzer Straße** abbiegen mit den Bars und Kneipen Café Kontinental, Blue Note (Live-Musik), Studiobar, Queens, Coco Bar, La Rue und links durch die **Kunsthofpassage** (s. S. 55) mit künstlerisch gestalteten Innenhöfen und Geschäften, Boutiquen und Kneipen in die Alaunstraße einschwenken. Richtung Louisenstraße folgen Hieronymus, Prinz und Jim Beam's Bar.

An der Ecke Louisenstraße biegen wir am auffälligen grau-blauen Eckhaus Café und Bar Schwalbennest rechts ab. Dicht nebeneinander warten Zentralohrgan (Nr. 22) und Leselust, Buchhandlung für Fotografie und Erotik (Nr. 24) auf Kunden. Ein Stück weiter links zurückgesetzt befindet sich im Hof die Planwirtschaft, Kultkneipe der ersten Stunde nach der Wende. Dann folgt die imposante Feuerwache Neustadt, 1916 von Hans Erlwein erbaut. Geradeaus weiter erreichen wir die **Königsbrücker Straße** (Straßenbahnhaltestelle). Wer noch nicht müde ist, findet einen guten Film in der *Schauburg* (Nachtprogramm; s. S. 71) oder kann sich im Café Europa gegenüber bis 5 Uhr früh stärken.

Tour-Info

Startpunkt: Albertplatz
Endpunkt: Kino Schauburg
Dauer: ca. 1,5–2 Std. (mit Kneipen, Bars, Bistros, Boutiquen leicht einen Nachmittag oder Abend)
Einkehrmöglichkeiten: zahlreiche Anlaufpunkte (z. B. Pfunds Molkerei, Max, Kunsthofpassage)
Beste Zeit: nachmittags und abends

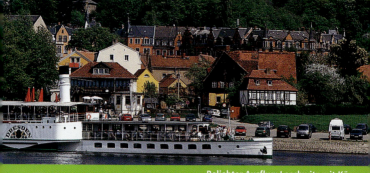

Tour 4

Beliebter Ausflug: Loschwitz mit Körnergarten (links) und Fährgut

Dresden nobel – Loschwitz und Weißer Hirsch

Sommerfrische südlich

Das ehemalige Fischer- und Winzerdorf Loschwitz entwickelte sich im 19. Jh. zur Sommerfrische und zum beliebten Wohngebiet. Als ländliche Idylle präsentieren sich heute die Loschwitzer Elbhänge stadteinwärts in Richtung der drei Elbschlösser und elbaufwärts in Richtung Wachwitz. Häuser und Villen in individuellen Formen sind in lockerer Bebauung als farbige Tupfer über die Hänge gestreut. Hier wohnten oder kamen zu Besuch Friedrich Schiller, Goethe, Mozart, Heinrich Schütz, Richard Wagner, Carl Maria von Weber, Friedrich Liszt, Kleist, die Gebrüder Schlegel, Caspar David Friedrich, Ludwig Richter, Clara und Robert Schumann und Gerhart Hauptmann.

Man wandert hier unter Kiefern und Tannen, Rotbuchen, Kastanien und Linden, an Flieder und Weinstöcken vorbei und kann Landhäuser und stattliche Villen bewundern.

Vom **Schillerplatz** in Blasewitz gelangen wir am Café Toscana (links) und Schillergarten (rechts) vorbei zum **Blauen Wunder** (s. S. 83). Die elegante Hängebrückenkonstruktion ohne Flusspfeiler verbindet seit 1893 Blasewitz mit Loschwitz.

Dörfliche Idylle

Am zentralen **Körnerplatz** können wir nach rechts in die dörfliche Atmosphäre der Friedrich-Wieck-Straße eintauchen (Parkplatz hinter der Alten Feuerwache, F.-Fincke-Str.). Hier und in den angrenzenden Straßen finden wir das *Friedrich-Wieck-Haus* (Nr. 10; Gedenktafel an den Vater von Clara Schumann) und das *Fährgut* (Anfang 17. Jh.). Vom Körnergarten an der Elbe hat man einen schönen Blick auf die Brücke Blaues Wunder.

Kurze Abstecher führen in die im Tal entlang führende Grundstraße zum **Leonhardi-Museum** (s. S. 98), dem reich bemalten, ›altdeutschen‹ Fachwerkanwesen (›Rote Amsel‹) des Malers Eduard Leonhardi (1828–1905) mit städtischer Galerie, und an der Pillnitzer Landstraße zur **Loschwitzer Kirche,** direkt hinter der Talstation der Schwebeseilbahn. 1705–08 von George Bähr als gedrungener achteckiger Zentralbau errichtet, wird sie allgemein als kleiner Vorgänger der Frauenkirche angesehen. Nach Kriegszerstörungen konnte sie erst in den 1990er Jahren restauriert werden.

Steil geht es die *Schillerstraße* hinauf zur Gedenkstätte **Schillerhäuschen** (Nr. 6; s. S. 99), einem ehemaligen Weinberghaus. Hier auf dem Anwesen der Familie Körner schrieb Friedrich Schiller am ›Don Carlos‹ (Gedenktafel); von

1785 bis 1801 besuchte er mehrfach die Familie. Gegenüber ist der Schiller-Körner-Brunnen (1912/13) als plastisches Wandrelief in die Straßenmauer eingelassen.

Mit der *Standseilbahn* (s. S. 93) gelangen wir in wenigen Minuten zur Bergstation (oder mühsam die steile Plattleite zu Fuß). Gegenüber liegt der **Luisenhof**, der ›Balkon Dresdens‹ (s. S. 39). Direkt unterhalb (straßenseitig) erscheint malerisch die Villa San Remo (1897/98).

Vergangener Glanz: Kurbad Weißer Hirsch

Wir gehen die Bergbahnstraße entlang, biegen nach rechts in die Plattleite ein und gleich wieder links in die Zeppelinstraße. In der **Villa Ardenne** (Nr. 7; 1912 von Lossow & Kühne) wohnte der prominente Wissenschaftler Manfred von Ardenne bis zu seinem Tod 1997. Hier auf dem Weißen Hirsch leitete der ›Rote Baron‹ sein eigenes Institut für Elektronen-, Ionen- und Kernphysik. Die Ardenne-Villa mit dem grünen Dach sticht auf einer Fahrt mit dem Elbdampfer gleich ins Auge. Wieder an der Plattleite, geht es an der kleinen, 1955 erbauten *Volkssternwarte* (Nr. 27) vorbei nach links in die Wolfshügelstraße (Villa Abendstern, 1896, Nr. 10; Villa Elbblick) und wieder links bergab in die Collenbuschstraße bis zum Platz mit dem **Obelisk** (Erinnerung an König Friedrich August II., gest. 1854). Im Haus Nr. 4 (Erinnerungstafel) wohnte von 1952– 54 der dänische Arbeiterschriftsteller Martin Andersen Nexö (1869–1954), wie M. v. Ardenne Ehrenbürger der Stadt.

In der Küntzelmannstraße fällt die Villa Bismarck (1904) auf. Nach rechts geht es in den Lahmannring (Villa Eschebach und Villa Abirulara) wieder bis zur Plattleite. In der Glanzzeit des Kurbades Weißer Hirsch gab es z. B. rund 80 Pensionen, heute nur noch wenige.

An der Bautzner Straße/Ecke Stechgrundstraße befindet sich rechts das ehemals elegante **Parkhotel** in Jugendstilformen von 1914 (s. S. 62), links verfallene Gebäude des **Lahmannschen Sanatoriums** (zwischen 1866 und 1913 errichtet). Hinter dem Parkhotel liegt die *Villa Emma* (Stechgrundstraße), ein gelungen restauriertes Haus in Jugendstilformen.

Viele weitere Straßen und Villen sind sehenswert, z. B. Dostojewskistraße (Nr. 8, 10), Schevenstraße und Schillerstraße (Nr. 4, 12).

Von der Haltestelle Plattleite können wir mit der Straßenbahn recht steil bergab zwei Stationen stadteinwärts fahren bis zu den drei **Elbschlössern** (s. S. 84) – *Schloss Albrechtsberg, Villa Stockhausen (Lingner Schloss)* und *Schloss Eckberg* – mit ihren schönen Parkanlagen und dem romantischen Ausblick zum Loschwitzer Elbhang mit der Brücke Blaues Wunder.

Von der Haltestelle Schloss Albrechtsberg bzw. Plattleite können wir mit der Straßenbahn zurück in die Neustadt und ins Zentrum fahren.

Tour-Info

Startpunkt: Schillerplatz
Endpunkt: Parkhotel bzw. Elbschlösser
Dauer: ca. 1,5–2 Std. (mit Elbschlössern mehr)
Einkehrmöglichkeiten: Schillergarten, Kaffee Wippler, Körnergarten, Luisenhof (›Balkon Dresdens‹), Terrasse Schloss Eckberg (romantisch)
Beste Zeit: Frühjahr, Herbst

Tour 5

Zeiltlose Idylle: Wohnhäuser aus Holz der 1930er Jahre (Am Sonnenhang)

Gelebte Utopie – Hellerau, die erste deutsche Gartenstadt

Im Norden der Stadt, am Rand der Dresdner Heide, liegt der ländliche Ortsteil Hellerau, der erst 1950 nach Dresden eingemeindet wurde. Der Name stammt vom Gasthof ›Zum letzten Heller‹. Der sozialreformerische Unternehmer Karl Schmidt, Wolf Dohrn vom Deutschen Werkbund und der Architekt und Designer Richard Riemerschmid (1868–1957) entwickelten ab 1909 die erste deutsche Gartenstadt nach englischem Vorbild. Eine Antwort auf die Mietskasernen und die schlechten Arbeits- und Lebensverhältnisse der Arbeiterschaft während der Industriellen Revolution der Gründerzeit im späten 19. Jh. Genossenschaftliche Ideen und naturverbundes Wohnen und Arbeiten sollten ein sinnerfülltes Dasein ermöglichen.

Die Straßenzüge wurden dem hügeligen Gelände angepasst, die Häuser kostengünstig errichtet, dabei individuell, meist mit Vorgärten, gestaltet; Ein- und Zweifamilienhäuser wechseln mit geschlossenen Häuserzeilen – alles nach einem Gesamtplan Riemerschmids angelegt. Von ihm stammt auch das prächtige Schauspielhaus (Kammerspiele, 1901) in München, eines der wenigen erhaltenen Jugendstiltheater in Deutschland. 1909 begannen die Deutschen Werkstätten Hellerau zu produzieren; die Möbelfabrik konnte ihre bedeutende Tradition bis in die Gegenwart fortführen (u. a. Ausstattungen für den Sächsischen Landtag, die Semperoper, Gewandhaus, Leipzig). Neben Riemerschmid waren Heinrich Tessenow und Hermann Muthesius die führenden Architekten.

Es bildete sich ein bewegtes kulturelles Leben mit dem Festspielhaus als Zentrum, eine Künstler- und Kunsthandwerkerkolonie entstand. Zwischen 1911 und 1914 waren die Schulfeste international bekannt. Der Schweizer Tanzpädagoge Emile Jacques-Dalcroze war Vorreiter eines rhythmischen Ausdruckstanzes (später von Mary Wigman weiterentwickelt).

In Hellerau wirkten u. a. der Verleger Jakob Hegner, die Schriftsteller Paul Adler, Theodor Däubler und Emil Strauß, der Pädagoge Alexander S. Neill (›Summerhill‹); zahllos waren die Besucher, Freunde und Förderer: Le Corbusier, El Lissitzky, Max Klinger, Martin Buber, George B. Shaw, Stefan Zweig, Frank Wedekind, Gottfried Benn, Kurt Schwitters, Rainer Maria Rilke, Franz Kafka, Oskar Kokoschka, Hans Poelzig, Sergej Rachmaninow, Paul Claudel oder Upton Sinclair.

Markt, Deutsche Werkstätten und Festspielhaus

An der Haltestelle der Straßenbahnlinie 8, *Am Hellerrand* (30 min. vom Postplatz), kann ein Rundgang beginnen, auf dem man den sozialreformerischen Gestaltungswillen der Initiatoren nachspüren kann. Den Kurzen Weg bzw. Am Hellerrand (Häuserreihe von R. Riemerschmid) bergab zum zentralen **Markt** (Westseite 1907 bis 1910, R. Riemerschmid) mit den repräsentativen Bauten, die Straße **Am Grünen Zipfel** (R. Riemerschmid) entlang mit anheimelnden Häuserzeilen und schönen Details (z. B. Nr. 85–101, 51–61, gelbe, beige oder braune Fronten, grüne Fensterläden, rote Walmdächer, kleine Veranden). Nach rechts biegen wir in den *Moritzburger Weg* ein, an dem auf der rechten Seite die traditionsreichen **Deutschen Werkstätten Hellerau** liegen (gegenüber Neubau der Firmenzentrale). 1909/10 errichtete Riemerschmid die neue Fabrik in Gestalt einer Gutsanlage mit Werkstätten, Lagerhäusern und Kontor-, Maschinen- und Kesselhaus, alles nach höchsten arbeitstechnischen Bedingungen (Teilbesichtigungen möglich, Führungen auf Anfrage, Tel. 0351/883 82 02, www.dwh.de; Werkstättengalerie, im Innenhof links Eingang D, Mo–Fr 9–17 Uhr; Restaurantbistro Schmidt's mit Terrasse).

Ein Stück weiter biegen wir rechts in den Heideweg, können auf ihm oder dem Tännichtweg und Auf dem Sand (Nr. 10, ehem. Wohnhaus J.-Dalcroze) bis zum **Festpielhaus** (s. S. 74) gehen, dem Hauptwerk Tessenows von 1911. Der strenge Baukörper mit dem Säulenportikus beherrscht einen großen rechteckigen Platz, links und rechts flankierende Wirtschaftsgebäude, vorn zwei restaurierte Eckpavillons (Deutscher Werkbund, Kulturstiftung des Freistaats Sachsen). Jahrzehntelang bis nach der politischen Wende 1989 saß im Giebelfeld der fünfzackige Stern der Sowjetarmee, die 1994 aus dem Gelände abzog. Der Festsaal ohne besonderen Bühnenraum – seinerzeit revolutionär – zeigt sich heute sachlich und funktionell, fast einer Fabrikhalle mit Glasdachkonstruktion ähnelnd. In den Treppenhäusern sind die sowjetische Wandmalereien »Eroberung Deutschlands durch die Rote Armee« erhalten (bis Herbst 2006 geschl., Tel. 883 37 00, www.festspielhaus-hellerau.com).

Die Karl-Liebknecht-Straße entlang gelangen wir zum Schmalen Weg; hier können wir einen Blick auf das *Schulgebäude* von Kurt Frick (1913/14) werfen. Nach einer Weile biegen wir rechts in den *Ruscheweg* ein (Nr. 5–11, Doppelhausgestaltung mit Rundbogendurchgang) oder auch etwas weiter in die Straße *Beim Gräbchen* (H. Muthesius). Es geht bergab zu den Straßen *Am Schänkenberg* (H. Tessenow) bzw. Am Talkenberg mit dichterer Bebauung und von dort zurück zum Markt.

Reizvoll ist noch ein kleiner Schlenker zum Sträßchen **Am Sonnenhang**. Hier stehen verschiedenfarbige Musterholzhäuser (1934–37) u. a. von Eugen Schwemmle und Wilhelm Kreis.

Tour-Info

Startpunkt: Straßenbahnlinie 8, Haltestelle Am Hellerrand
Endpunkt: Markt
Dauer: ca. 1,5 Std.
Einkehrmöglichkeiten: reines Wohngebiet, nur zwei – Gasthaus am Markt (Di Ruhetag), Restaurantbistro Schmidt`s (Wasserflasche für unterwegs empfehlenswert)
Beste Zeit: Frühjahr, Herbst

Register

Achat Hotel (C 6) 28
Albertinum (D 4) 83, 109
Albertplatz (E 3) 82
Alter Kath. Friedhof (C 3) 101
Altes Landhaus (D 5) 83
Altkötzschenbroda (Radebeul) 103
Altmarkt (D5) 83, 110
Altmarkt Galerie (D 5) 50
Altstadt 80
Altstädter Wache (D 4) 83
Andreas (Pension, H 4) 28
Anreise 19
Antiquitäten 48
art'otel (Hotel, C 4) 29
Artis Hotel (B 4) 28
Artushof (Hotel, F 5) 29
Augustusbrücke (D 4) 14, 83
Ausflüge 102f.
Auskunft 18
Äußere Neustadt 112ff.
Autovermietung 21f.
Bad Schandau 105
Barockgarten Großsedlitz 103
Bastei 104
Behinderte 18
Biergärten 14, 40
Bistros 45ff.
Blasewitz (G/H 4) 80, 114
Blaues Wunder (J 4) 83, 114
Blockhaus (D 4) 83
Brauhäuser 37f.
Brühlsche Terrasse (D 4) 14, 84, 109
Bücher 49f.
Buchmuseum (D 7) 95
Bülow Residenz (Hotel, D 4) 31
Cafés 45ff.
Camping 33
Carl-Maria-von-Weber-Museum (südöstlich K 6) 95
CDs/Schallplatten 49
City-Herberge (E 5) 26
Coselpalais (D 4) 84, 109
CVJM-Jugendschiff (C3) 27
Deutsches Hygiene-Museum (D 5) 96
Deutsche Werkstätten Hellerau (Sonderkarte) 117
Die Boofe (Hostel, E 2) 26
Diskotheken & Clubs 60
Dorint Novotel Dresden (E 5) 30
Dreikönigskirche (D 3) 14, 84
Dresden aktiv 76f.
Elbe 14
Elbflorenz Dresden (Hotel, C 5) 30
Elbsandsteingebirge 104f.
Elbschlösser (H 3) 84, 115
Erich Kästner Museum (D 3) 96
Feinkost 50
Felsenbühne Rathen 75, 105
Feste und Festivals 68
Festpielhaus (Sonderkarte) 117
Festung Dresden (D 4) 85
Festung Königstein 104
Flohmärkte & Märkte 51
Flughafen 19
Four Points Hotel Königshof (E 7) 30
Frauenkirche (D 4) 85, 109
Freital 103
Freizeit/Fitness (Shopping) 51
Friedrichstadt (B 4) 81
Friedrich-Wieck-Haus (J 4) 114
Fürstenzug (D 4) 85
Galerien 51
Galerie Neue Meister (D 4) 96
Gedenkstätte Münchner Platz (C 7) 96
Gemäldegalerie Alte Meister (D 4) 96, 108
Gesamtministerium (E 4) 86
Goldener Reiter (D 4) 87
Großer Garten (E/F 6) 75, 101
Grünes Gewölbe (D 4) 97
Gutshof Hauber (Hotel, K 7) 29
Hauptstraße (D 3/4) 87
Hausmannsturm (D 4) 100
Hellerau (Sonderkarte) 81, 116f.
Herbergsschiff ›Die Koje‹ (C3) 33
Hilton Dresden (Hotel, D 4) 30
Hofkirche (Kathedrale; D 4) 87, 109
Hohnstein 105
Holiday Inn (E 2) 30
Hostel Luise 20 (E 3) 27

Hostel Mondpalast (E 3) 27
Hotels 26ff.
Ibis-Hotels (D 5) 29
Italienisches Dörfchen (D 4) 87
Jägerhof (D 4) 88
Japanisches Palais (D 4) 88
Johanneum (D 4) 88
Jugendgästehaus (C 5) 32
Jugendherbergen 32
Kabarett/Kleinkunst 69
Kandler's (Hotel, A 5) 27
Kangaroo-stop (Hostel, D3) 28
Karl-May-Museum 102
Kasematten s. Festung Dresden
Kaufhäuser 53
Kempinski Taschenbergpalais Dresden
 (Hotel, D 4) 31
Kinder 75
Kino 70
Kongresszentrum (D 4) 88
Königstein 104
Königstraße (D 3) 48, 88
Körnerplatz 114
Kraszewski-Museum (F 2) 97
Krematorium (J 6) 88
Kreuzkirche (D 5) 14, 89
Kügelgenhaus – Museum zur
 Dresdner Romantik (D 3) 97
Kulturpalast (D 5) 89, 110
Kunstakademie (D 4) 89
Kunstgewerbemuseum (Pillnitz) 98
Kunsthandwerk/Porzellan 53f.
Kunsthandwerkerpassagen (D 4) 54
Kunsthofpassage (E 3) 55, 113
Kupferstichkabinett (E 4) 98
Lahmannsches Sanatorium 115
Landesmuseum für Vorgeschichte
 (D 4) 98
Lederwaren/Schuhe 55
Leonhardi-Museum (J 4) 98, 114
Loschwitz (J 4) 57, 81, 114f.
Luisenhof (J 4) 14, 115
Maritim Hotel (D 4) 31
Martha Hospiz (Hotel, D 3) 29
Mathem.-Physikalischer Salon (D 4) 98

Meißen 102
Mezcalero (Gästehaus, E 2) 28
Militärhistorisches Museum (E 2) 98
Mitwohnzentralen 33
Mode 55f.
Moritzburg 102
Mozartdenkmalbrunnen (D 5) 89
Münzgasse (D 4) 65
Münzkabinett (D 4) 98
Museen 95ff.
Museum f. Sächs. Volkskunst (D 4) 99
Museum für Völkerkunde (D 4) 89
Neues Rathaus (D 4) 14, 89
Neues Ständehaus (D 4) 90
Neustadt 82
Nightlife 58ff.
Öffentliche Verkehrsmittel 20
Oper, Operette, Schauspiel 72
Palais Brühl-Marcolini (C 4) 90
Palais im Großen Garten (F 6) 90
Park Plaza Hotel (E 1) 31
Pension am Zwinger (C 4) 28
Pfunds Molkerei (E 3) 50
Pirna 103
Porzellansammlung (D 4) 99
Prager Straße (D 5) 90, 111
Privat (Hotel, F 3) 27
Puppentheater (D 5) 75
Radebeul 75, 102
Radisson SAS (Hotel, D 5) 31
Rathen 105
Residenzschloss (D 4) 90, 108
Restaurants 35ff.
Rothenburger Hof (Hotel, E 3) 29
Russisch-orthodoxe Kirche (C 6) 91
Rüstkammer (D 4) 99
Sächsische Weinstraße 34
Sächsische Schweiz 104f.
Sächsischer Landtag (D 4) 91
St. Benno-Gymnasium (E 5) 91
Schauspielhaus (D 4) 73
Schiffsfahrten 15, 23
Schillerhäuschen (J 4) 99, 114
Schloss Eckberg (Hotel, H 3) 32
Schloss Pillnitz 91

Schmuck/Uhren 57
Schwul & Lesbisch 62
Second hand 57
Sekundogenitur (D 4) 92
Semperoper (D 4) 93
Skulpturensammlung (D 4) 100
Societaetstheater (D 3) 73
Standseilbahn (J 4) 93
Stadtmuseum (D 4) 100
Stallhof und Langer Gang (D 4) 93
Steigenberger Hotel de Saxe (D 3) 32
Stolpen 103
Synagoge (E 4) 94
Taschenbergpalais (D 4) 108
Technische Sammlungen (H 6) 14, 100
The Westin Bellevue (Hotel, D 4) 32
Theaterplatz (D 4) 94, 108

Trinitatisfriedhof (F 4) 101
UFA-Palast (D 5) 71
Unterwegs in Dresden 20
Unterwegs mit Kindern 75
Verkehrsmuseum (D 4) 101
Villa Ardenne (J 4) 115
Villa Emma (K 3) 115
VW-Manufaktur (E 5) 94
Waldpark Blasewitz (G/H 4) 101
Waldschlösschen (G 3) 37
Weesenstein 103
Weißer Hirsch (K 3) 82, 115
Wiener Platz (D 6) 111
World Trade Center (C 5) 95
Yenidze (C 4) 94
Zoologischer Garten (E 6) 75
Zwinger (D 4) 95, 108

Alle Angaben ohne Gewähr. Für Fehler können wir keine Haftung übernehmen.
Ihre Anregungen und Korrekturhinweise greifen wir gern auf.
DuMont Reiseverlag, Postfach 3151, 73751 Ostfildern
E-Mail: info@dumontreise.de

Fotonachweis
Titelbild: Semperoper
S. 1: Elbhangfest in Loschwitz
S. 6/7: Zwinger
S. 24/25: Pfunds Molkerei, der ›schönste Milchladen der Welt‹
Daniel Biskup/Signum, laif, Hamburg, Köln S. 26
Sylvio Dittrich, Dresden   S. 1, 2, 3, 9, 12, 36/37, 47, 48, 52/53, 58, 61, 66, 68, 71, 72/73, 76, 86, 110
Lisa Hammel/Jochen Peter, Dortmund

S. 8
Gernot Huber/laif, Köln   S. 14, 34, 75, 78, 80, 99, 100
Günter Karl/laif, Köln   Titelbild
Martin Kirchner/laif, Köln   S. 24/25
Hainer Michael, Dresden   S. 63, 112
Florian Monheim, Meerbusch   S. 6/7, 92/93, 104/105, 106/107
Werner Preuß, Köln   S. 16, 44, 102, 116
transit, Leipzig   S. 114

Kartografie: DuMont Reisekartografie, Puchheim, © MAIRDUMONT, Ostfildern
Karte Liniennetzplan: Dresdner Verkehrsbetriebe AG

3., aktualisierte Auflage 2006
© DuMont Reiseverlag, Ostfildern
Alle Rechte vorbehalten
Grafisches Konzept: Groschwitz, Hamburg
Druck: Rasch, Bramsche
Buchbinderische Verarbeitung: Bramscher Buchbinder Betriebe